高等教育"十三五"精品规划教材

21 世纪高等院校应用创新型人才培养系列教材·经管类

ERP 沙盘模拟经营实训

主 编 燕春兰 何京蓉

副主编 黎 军 权英淑 李 庆

天津大学出版社
TIANJIN UNIVERSITY PRESS

图书在版编目(CIP)数据

ERP沙盘模拟经营实训 / 燕春兰，何京蓉主编. —
天津：天津大学出版社，2017.7(2023.8重印)
高等教育“十三五”精品规划教材 21世纪高等院校
应用创新型人才培养系列教材. 经管类

ISBN 978-7-5618-5899-8

Ⅰ.①E… Ⅱ.①燕… ②何… Ⅲ.①企业管理－计算
机管理系统－高等学校－教材 Ⅳ.①F270.7

中国版本图书馆CIP数据核字(2017)第189048号

出版发行 天津大学出版社
地　　址 天津市卫津路92号天津大学内(邮编:300072)
电　　话 发行部:022-27403647
网　　址 publish.tju.edu.cn
印　　刷 廊坊市海涛印刷有限公司
经　　销 全国各地新华书店
开　　本 185mm×260mm
印　　张 9.5
字　　数 234千
版　　次 2017年7月第1版
印　　次 2023年8月第3次
定　　价 30.00元

前 言

近年来，很多高等学校都将应用型、复合型人才作为自己的人才培养目标，而实践教学是高等学校提高人才培养质量的重要环节，是学生巩固和深化理论知识的重要途径，在培养学生自主学习能力和创新能力等方面有着不可替代的作用。重庆三峡学院经济与管理实验中心在经济管理类专业的实践教学方面做了很多有益的探索，尤其是跨专业的综合实训课程，目前，已在我校经济管理类6个专业开设了ERP沙盘模拟经营实训课程，本教材正是通过在授课过程中不断积累经验、逐步修改完善而成的。

本教材以用友ERP沙盘为依托，以企业经营管理为背景，将沙盘模拟特有的互动性、竞争性、趣味性等特点充分发挥，让学生对企业经营的全过程有一个清晰的认识。通过让学生了解模拟企业背景，熟悉模拟经营规则，认识沙盘模拟的角色分工与岗位职责，进行沙盘盘面的初始设定，通过起始年的运营熟悉企业运营流程，为学生实战模拟奠定基础。在实战模拟经营中，企业的经营决策涵盖了战略管理、市场营销、生产运作管理、财务管理、人力资源管理等众多专业的基础理论知识，学生可以将理论知识用于实践，获得实践经验及深层次的感悟。本教材最后配以附录，用作对企业模拟经营的记录，方便学生对企业经营成败进行分析。因此，综合性与系统性是本教材的最大特点。

本教材既可作为高等学校经济管理类或非经济管理类专业ERP沙盘模拟实训的教材，也可作为高职高专院校经济管理类专业ERP沙盘模拟实训的教材。

由燕春兰负责全书各章节的结构、内容的策划和统稿工作，参加编写的人员有燕春兰、何京蓉、黎军、权英淑、李庆。其中，第1章、第2章、第3章、第5章、附录由燕春兰编写，第4章、第6章、第8章由何京蓉编写，第7章由权英淑编写，第9章由黎军编写，第10章由李庆编写。此外，何京蓉参与编写了第2章和第3章的部分内容。

编者在本教材的编写过程中参阅了一些文献资料，部分资料来自于网络，难以找到原始出处，可能在参考文献中有所遗漏，在此向相关作者表示深深的歉意和感谢！

由于是第一次探索编写系统化的ERP沙盘模拟经营实训教材，加之编者水平有限，本书难免存在许多疏漏和不当之处，敬请广大读者批评指正。

编者

目　　录

第 1 章　课程简介 …… 1
1.1　课程起源 …… 1
1.2　课程安排 …… 2
1.3　课程目标 …… 2
1.4　考核方式 …… 3
第 2 章　实训教具及经营规则 …… 4
2.1　沙盘教具介绍 …… 4
2.2　沙盘角色分工与岗位职责 …… 9
2.3　沙盘模拟经营规则 …… 13
第 3 章　模拟企业状况及沙盘初始状态设置 …… 22
3.1　模拟企业状况介绍 …… 22
3.2　沙盘初始状况设置 …… 26
3.3　模拟企业运营流程 …… 29
3.4　起始年运营示范 …… 51
第 4 章　第一年——感性认识 …… 53
4.1　战略与战略管理 …… 53
4.2　企业战略体系 …… 53
4.3　企业战略类型 …… 55
4.4　企业战略规划 …… 57
4.5　SWOT 分析法 …… 58
4.6　第一年运营 …… 60
第 5 章　第二年——理性经营 …… 61
5.1　市场营销概述 …… 61
5.2　市场营销战略规划 …… 62
5.3　市场调查与预测 …… 65
5.4　市场细分与目标市场 …… 66
5.5　市场营销组合策略 …… 68
5.6　第二年运营 …… 72
第 6 章　第三年——科学管理 …… 73
6.1　生产管理概述 …… 73
6.2　产能计算 …… 73
6.3　设备管理 …… 75

6.4 生产计划 …… 76
6.5 采购计划 …… 79
6.6 第三年运营 …… 80
第 7 章 第四年——全成本核算 …… 81
7.1 全面预算管理 …… 81
7.2 财务管理 …… 83
7.3 财务分析 …… 84
7.4 第四年运营 …… 88
第 8 章 第五年——人力资源管理 …… 89
8.1 人力资源管理概述 …… 89
8.2 组织结构与组织设计 …… 90
8.3 员工招聘与甄选 …… 91
8.4 员工培训与发展 …… 93
8.5 绩效管理 …… 95
8.6 第五年运营 …… 98
第 9 章 第六年——全面信息化管理 …… 99
9.1 信息化管理概述 …… 99
9.2 ERP 管理系统 …… 100
9.3 第六年运营 …… 103
第 10 章 经营成果评价与实训总结 …… 104
10.1 经营成果评价的体系 …… 104
10.2 综合因素评价分析 …… 104
10.3 实训总结 …… 106
附录 1 重要规则速查表 …… 107
附录 2 运营流程记录表 …… 110
附录 3 原材料采购表 …… 138
附录 4 产品生产计划表 …… 139
附录 5 广告费用表 …… 140
附录 6 贷款申请表 …… 142
附录 7 实训总结 …… 143
参 考 文 献 …… 145

第 1 章　课程简介

1.1　课程起源

沙盘模拟训练的概念最初来自“作战指挥”。在敌我双方开战之前，指挥员模拟战场的地形、地貌，制作一个与之完全一样的沙盘模型，在这个模型上进行战略部署，包括兵力部署、火力部署、防御部署和进攻部署等。军事沙盘直观、形象、一目了然，指挥员不必亲临现场也能运筹帷幄。

商场如战场，企业面临世界经济一体化、信息化的挑战，一个企业的经营管理要比作战指挥更复杂。如果只是凭借想象去经营一个企业，无疑是“闭门造车”；如果仅展现企业的局部现状，犹如“只见树木，不见森林”。把一个企业各个部门的运作提炼成一个实物模型，让学习者在这个模型上进行演练，这就是企业经营模拟沙盘的由来。

ERP 沙盘模拟是针对先进的现代企业经营与管理技术——ERP（Enterprise Resource Planning，企业资源计划）设计的角色体验的实验平台。6 张沙盘盘面代表 6 个相互竞争的模拟企业。沙盘盘面按照制造企业的职能部门划分为多个职能中心，包括营销与规划中心、生产中心、物流中心、财务中心和信息中心。各职能中心涵盖了企业运营的所有关键环节：战略规划、资金筹集、市场营销、产品研发、生产组织、物资采购、设备投资与改造、财务核算与管理等。在 ERP 沙盘模拟经营实训中，把企业运营所处的内外环境抽象为一系列的规则，学习者组成 6 个相互竞争的模拟企业，通过沙盘进行实际推演，连续完成模拟企业 6 年的经营，通过“学习者参与—沙盘载体—模拟经营—对抗演练—讲师评析—学生感悟”等一系列实训环节，参悟科学的管理规律，培养团队精神，全面提升管理能力。

ERP 沙盘模拟经营实训“融理论与实践于一体、集角色扮演与岗位体验于一身”的设计思想，使学习者在分析市场、制定战略、营销策划、组织生产、财务管理等一系列活动中，体验企业经营的全过程。每个小组在初始时都拥有相同的资金、设备和固定资产，他们研发新产品、开拓新市场、投资新的生产线，投入广告并获得市场订单，购入原材料进行产品生产，通过订单的交付获得销售收入，从而进行企业的连续生产和经营，当模拟企业资金短缺时可向银行申请贷款或变卖固定资产。运用相同的资金和相同的规则，通过不同的手段，模拟企业的运营结果不尽相同，最终会根据每个模拟企业的利润和资产等结果评出优胜者。在模拟企业经营过程中，无论胜负都会给学习者留下深刻的印象，胜利者会有成功的喜悦，失败者则会在遗憾中领悟出很多企业生产运作的真谛和经营哲理，从而使学生达到巩固知识、积累经验和激发创新思维的目的。

1.2 课程安排

1.2.1 实训时间安排

ERP 沙盘模拟实训为 2 天，共 16 学时。具体安排如下。

第一天：上午：	8:20—11:40	规则介绍、起始年运营示范
下午：	14:00—17:20	第一年企业运营、第二年企业运营
第二天：上午：	8:20—11:40	第三年企业运营、第四年企业运营
下午：	14:00—16:30	第五年企业运营、第六年企业运营
	16:30—17:20	各小组成员总结、教师讲评

1.2.2 实训形式

1. 分组训练

建议每次参加实训的最多为 6 个小组，代表 6 个相互竞争的企业，每个小组 6~8 名学生，学生根据自己的特长和专业分别担任不同的管理角色。在模拟经营开始之前，每个小组要制定出企业发展的战略规划。

2. 实训报告

企业模拟经营结束后，需要提交相关的实训报告。实训报告包括以下两类。

（1）企业模拟经营过程的完整记录。各小组上交一份从起始年至第 6 年的企业运营记录，包括运营流程记录表、现金预算表、订单登记表、组间交易明细表、产品核算统计表、综合费用明细表、利润表和资产负债表等。

（2）企业模拟经营实训总结报告。实训结束后，每个学生要上交一份实训总结。实训总结主要是对实训经营过程、经营成败的关键点、所担任角色的得失、企业的下一步发展战略、实训中的心得体会进行总结。实训总结报告可以是纸质的总结报告，也可以是视频，由指导教师提出要求。

1.3 课程目标

ERP 沙盘模拟经营实训课程可以作为经济管理类各专业的本科生和高职学生的一门综合实训课程。本实训课程需要一些知识准备，先修课程主要包括基础会计、微观经济学、财务管理、企业战略管理、市场营销、生产运作管理等。如果在实训中要用到相关知识点，可由指导教师根据情况进行补充讲解。

通过 ERP 沙盘模拟经营实训，学生应能完成以下目标。

（1）体验制造业企业完整的运营流程。

（2）理解企业战略对企业经营管理的重要性。学会运用战略的眼光看待企业的业务和经营，确保业务与战略的一致。

(3)掌握常用的市场营销方法和营销策略。学会分析市场环境、分析竞争对手、定位目标市场、制定营销策略、制定并有效实施营销战略规划，实现企业的营销目标。

(4)掌握生产运作管理的基本内容。体会生产与采购、生产与销售的密切关系，理解生产组织与技术创新的重要性。

(5)理解资金流的重要性。理解现金对企业经营的影响，掌握资金预算、控制融资成本的技能，提高资金使用效率。

(6)学会透过财务看企业经营。了解资本流转如何影响损益，掌握利润表、资产负债表的结构，通过财务报告、财务分析解读企业经营全局，细化核算，支持企业决策。

(7)理解物流、资金流、信息流的协同过程。

(8)树立全局观念和共赢理念。市场竞争是不可避免的，也是激烈的，寻求与合作伙伴之间的双赢、共赢才是企业发展的长久之道。

(9)树立团队合作意识。在企业运营这艘大船上，有人是舵手，有人保驾护航，每一个角色都要以企业总体最优为出发点，各司其职，相互协作，才能实现企业经营的目标，赢得竞争。

(10)建立基于信息时代的思维模式。决策来源于数据，数据来源于信息系统，信息系统能够及时为企业和管理者制定企业发展战略和决策提供丰富的数据和信息。通过实训，使学生能够感受到企业信息化的紧迫性和实施过程中的关键点，建立基于信息时代的思维模式。

1.4 考核方式

ERP 沙盘模拟经营实训的考核内容包括团队合作、经营过程、经营成绩和实训总结等方面。成绩的评定结果为优、良、中、及格、不及格 5 个等级。总成绩的评定如下。

总成绩 = 团队合作(10%)+ 经营过程(20%)+ 经营成绩(50%)+ 实训总结(20%)

第 2 章　实训教具及经营规则

2.1　沙盘教具介绍

2.1.1　沙盘盘面

ERP 沙盘模拟经营实训以一套沙盘教具为载体。沙盘盘面共 6 张，代表 6 个相互竞争的模拟企业。沙盘盘面如图 2-1 所示。

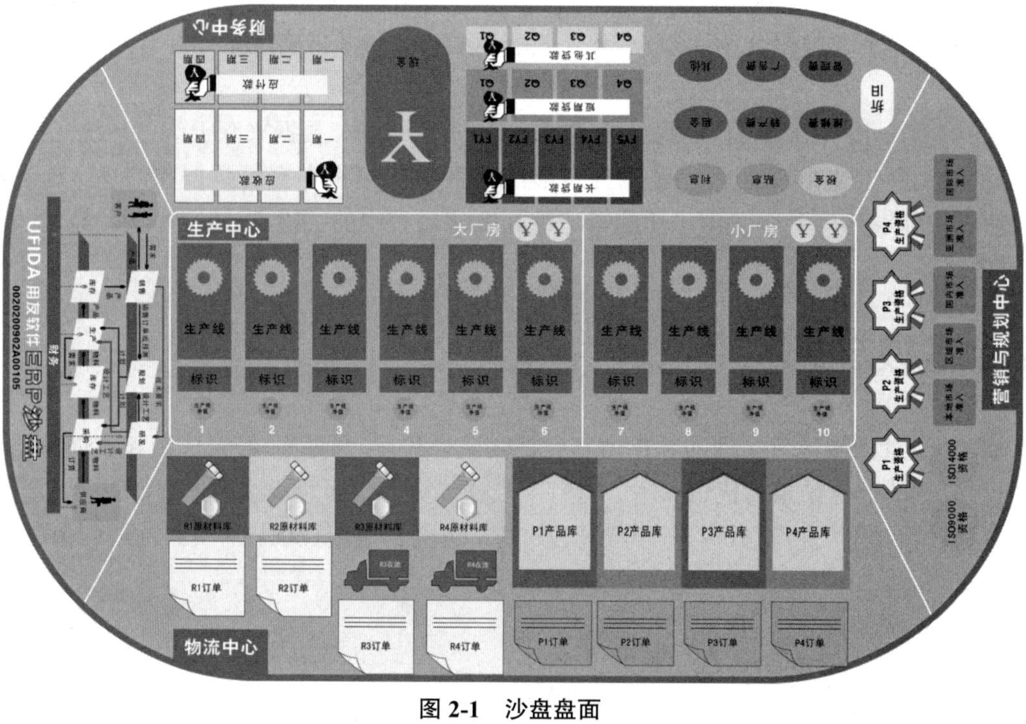

图 2-1　沙盘盘面

沙盘盘面按照制造企业的职能部门划分了几个职能中心，分别是营销与规划中心、生产中心、物流中心和财务中心等。各职能中心覆盖了企业运营的战略规划、市场营销、生产组织、采购管理、库存管理、财务管理等所有关键环节，是一个制造企业的缩影。各职能中心的布局和具体功能如下。

1. 营销与规划中心

营销与规划中心的布局如图 2-2 所示。

图 2-2　营销与规划中心

营销与规划中心的职能如表 2-1 所示。

表 2-1　营销与规划中心的职能

职能中心	经营关键环节	主要职能	简要说明
营销与规划中心	战略规划 市场营销	市场开拓	作出需要开发哪个市场的决策。可供开拓的市场有区域市场、国内市场、亚洲市场和国际市场。当某一市场开拓完毕，换取相应的市场准入证
		产品研发	确定企业需要研发哪个产品，包括 P2、P3 和 P4 产品。当某个产品研发完毕，换取相应的生产资格证书
		ISO 认证	确定企业需要投资哪个产品认证，包括 ISO 9000 质量认证和 ISO 14000 环境认证。当某一认证投资完毕，换取相应的资格证书

2. 生产中心

生产中心的布局如图 2-3 所示。

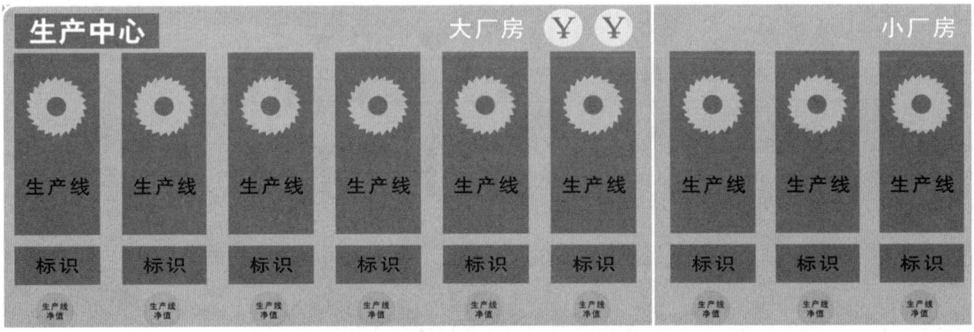

图 2-3　生产中心

生产中心的职能如表 2-2 所示。

表 2-2　生产中心的职能

职能中心	经营关键环节	主要职能	简要说明
生产中心	组织生产	厂房	有 2 个厂房，大厂房可容纳 6 条生产线，小厂房可容纳 4 条生产线。厂房右上角摆放对应价值的筹码表示已购买
		生产线	有手工、半自动、全自动和柔性生产线可以选择，不同生产线的效率和灵活性不同。已购买的设备在生产线净值处显示其净值
		产品标识	表示取得生产资格正在生产的产品

3. 物流中心

物流中心的布局如图 2-4 所示。

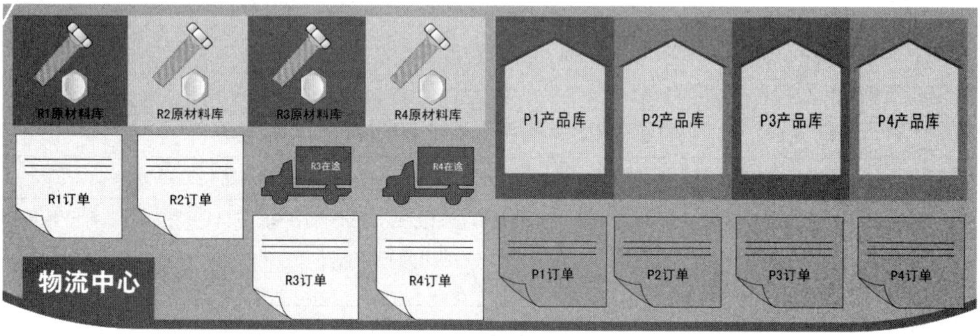

图 2-4　物流中心

物流中心的职能如表 2-3 所示。

表 2-3　物流中心的职能

职能中心	经营关键环节	主要职能	简要说明
物流中心	采购及库存管理	采购订单	表示与供应商签订的订货合同，用空桶放在订货处表示
		订货提前期	R1、R2 订货提前期为 1 个季度，R3、R4 订货提前期为 2 个季度
		原材料库	共 4 个，分别用于存放已购置的 R1、R2、R3 和 R4，每个筹码价值 1 M（1 M=100 万元）
		成品库	共 4 个，分别用于存放 P1、P2、P3 和 P4

4. 财务中心

财务中心的布局如图 2-5 所示。

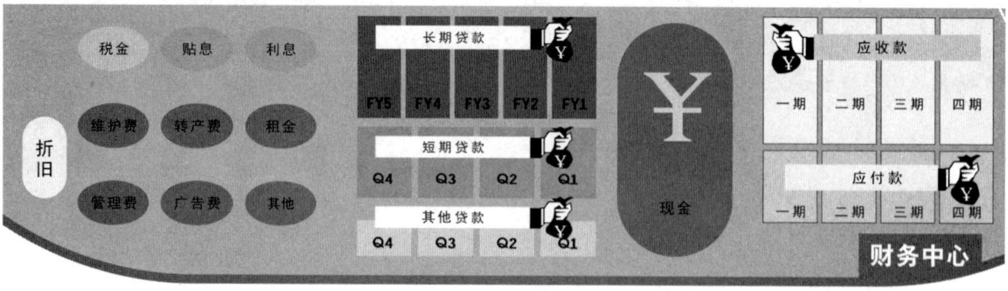

图 2-5　财务中心

财务中心的职能如表 2-4 所示。

表 2-4 财务中心的职能

职能中心	经营关键环节	主要职能	简要说明
财务中心	会计核算 财务管理	现金库	用来存放现金，每个筹码价值 1 M
		长期贷款	用放在相应位置的空桶来表示，每个空桶表示 20 M
		短期贷款	用放在相应位置的空桶来表示，每个空桶表示 20 M
		其他贷款	指紧急贷款，用放在相应位置的空桶来表示，每个空桶表示 20 M
		应收款	用放在相应位置上装有现金的桶表示
		应付款	用放在相应位置上的空桶表示
		综合费用	综合费用包括广告费、管理费、维修费、利息等，将发生的费用放到对应的区域
		折旧	将所有生产线的折旧放在该处

2.1.2 沙盘教具

1. 各种筹码

沙盘实训中的现金、应收账款、厂房价值、设备价值均用灰币表示，如图 2-6 所示。1 个灰币代表 1 M，1 M=100 万元。每个桶可放 20 个灰币，一桶灰币的价值为 20 M。

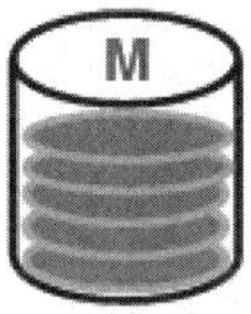

图 2-6 现金、应收账款、厂房价值、设备价值

沙盘实训中的贷款、原材料订单用空桶表示，如图 2-7 所示。1 个空桶表示贷款 20 M 或者 1 个原材料订单。

图 2-7 贷款、原材料订单

沙盘实训中的原材料有 R1、R2、R3 和 R4，分别用红币、黄币、蓝币和绿币表示，如图 2-8 所示。1 个原材料的价格为 1 M，1 M=100 万元。

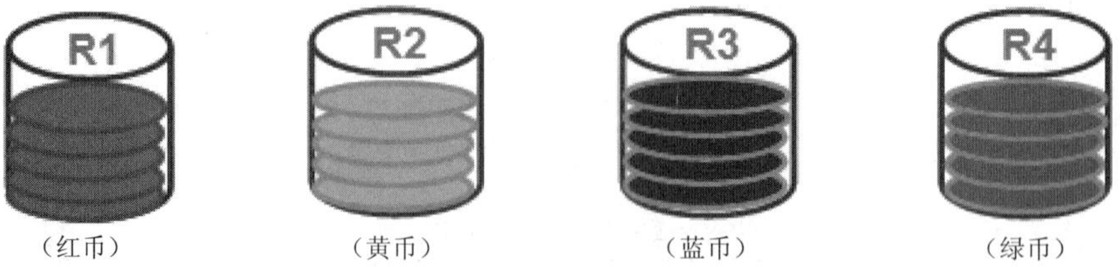

图 2-8　原材料

沙盘实训中的在制品和产成品有 P1、P2、P3 和 P4，如图 2-9 所示，它们由原材料和加工费共同组成。不同的在制品和产成品的原材料构成不同，但加工费相同，1 个币代表 1 M。

图 2-9　在制品和产成品

2. 生产线教具

沙盘实训中有 4 种生产线：手工线、半自动线、全自动线和柔性线，如图 2-10 所示。不同的生产线颜色各不相同，每条生产线上都标明了该生产线的种类和生产周期。

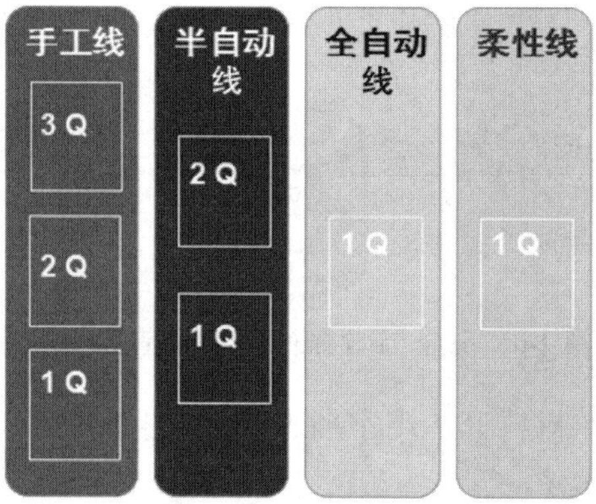

图 2-10　生产线

3. 资格证教具

沙盘实训中有多种资格证，包括产品生产资格证、市场准入资格证和 ISO 认证资格证。

产品生产资格证有 P1 生产资格、P2 生产资格、P3 生产资格、P4 生产资格，如图 2-11 所示。

图 2-11　产品生产资格证

市场准入资格证有本地市场准入、区域市场准入、国内市场准入、亚洲市场准入和国际市场准入，如图 2-12 所示。

图 2-12　市场准入资格证

ISO 资格证有 ISO 9000 质量认证和 ISO 14000 环境认证，如图 2-13 所示。

图 2-13　ISO 资格证

2.2　沙盘角色分工与岗位职责

沙盘的角色分工与岗位如图 2-14 所示。

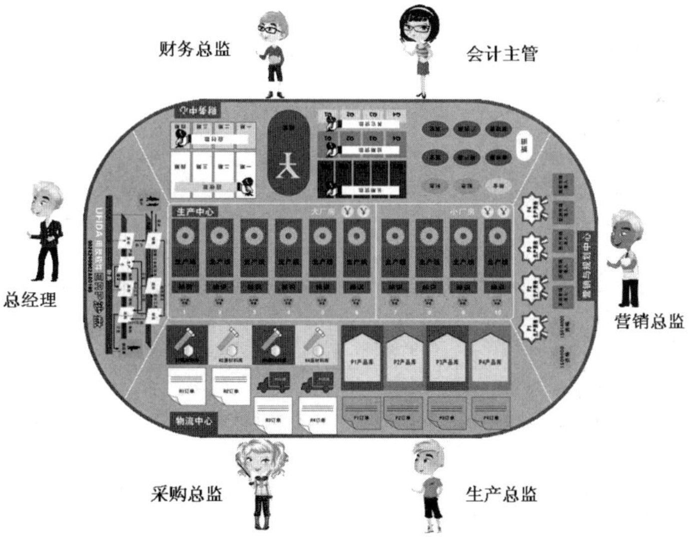

图 2-14　沙盘的角色分工与岗位

2.2.1　总经理岗位职责及任务

ERP 沙盘模拟经营实训是从现实企业中抽象出来的理想化、简单化的模拟训练。沙盘的角色分工与岗位和《中华人民共和国公司法》中规定的各职位的职责不尽相同。

总经理是企业各项工作的组织者和领导者，负责制定、实施企业总体战略，带领企业健康发展，协调各部门的关系，其岗位职责及任务如表 2-5 所示。

表 2-5　总经理岗位职责及任务

<table>
<tr><td rowspan="4">岗位职责</td><td>1. 制定企业发展战略规划</td></tr>
<tr><td>2. 带领团队共同完成企业决策</td></tr>
<tr><td>3. 审核财务状况</td></tr>
<tr><td>4. 听取企业赢利（亏损）状况报告</td></tr>
<tr><td>任务</td><td>在沙盘模拟中，总经理发挥最大职能，发出操作指令，如果所带领团队在模拟经营中意见不一致，由总经理拍板决定</td></tr>
</table>

2.2.2　营销总监岗位职责及任务

营销总监是企业市场与营销部门的负责人，负责制定公司营销战略，根据营销战略制定公司营销组合策略并实施，其岗位职责及任务如表 2-6 所示。

表 2-6　营销总监岗位职责及任务

<table>
<tr><td rowspan="6">岗位职责</td><td>1. 稳定企业现有市场、积极开拓新市场</td></tr>
<tr><td>2. 预测市场、制订销售计划</td></tr>
<tr><td>3. 合理投放广告</td></tr>
<tr><td>4. 根据企业生产能力取得匹配的客户订单</td></tr>
<tr><td>5. 与生产部门沟通以确保按时交货</td></tr>
<tr><td>6. 监督货款的回收</td></tr>
<tr><td rowspan="4">任务</td><td>1. 制定广告方案
根据市场预测情况进行各个产品和地区的广告投放。每个市场的订单是有限的，并不是所有的广告投放都能得到订单
在广告投放完毕后，营销总监向财务总监申请所投放广告费用总额，并放置到沙盘的广告费区域中</td></tr>
<tr><td>2. 参加订单竞争
订单以订单卡片的形式表现。订单卡片由市场、产品名称、产品数量、单价、订单价值总额、账期、特殊要求等要素构成
在选择订单时要注意与生产总监沟通，保证交货时间与交货能力的匹配；与财务总监沟通，考虑企业的现金流，选择合理的账期；如有“ISO 9000”或“ISO 14000”要求，要考虑是否取得了相应认证并投放了认证的广告费
营销总监按照获得的订单将订单放到沙盘的订单区域中</td></tr>
<tr><td>3. 交货给客户
营销总监检查成品库中的成品数量是否满足客户的订单要求，若满足则按照客户订单交付约定数量的产品给客户
订单若为付款（0 账期），营销总监直接将现金置于现金库，财务总监做好现金收支记录；若为应收账款，营销总监将现金置于应收账款相应账期处</td></tr>
<tr><td>4. 市场开拓和 ISO 资格认证
市场开拓：营销总监向财务总监申请开拓市场的现金并放置在要开拓的市场区域，由会计主管配合做好现金支出记录
ISO 认证投资：营销总监向财务总监申请认证现金并放置在要认证的区域，由会计主管配合做好现金支出记录</td></tr>
</table>

2.2.3 生产总监岗位职责及任务

生产总监是企业生产部门的负责人，主要负责组织制订企业的生产计划，协调生产部门与其他部门的关系，其岗位职责及任务如表 2-7 所示。

表 2-7 生产总监岗位职责及任务

岗位职责	1. 生产计划的制订者和决策者，生产过程的监控者
	2. 负责企业生产管理工作
	3. 协调完成生产计划，维持生产成本
	4. 落实生产计划和能源的调度
	5. 保持生产正常运行、及时交货
	6. 保证新产品研发，扩充改进生产设备
	7. 做好生产车间的现场管理
任务	1. 产品研发投资 按照年初制订的产品研发计划，生产总监向财务总监申请研发资金，置于沙盘生产资格证区。财务总监做好现金收支记录
	2. 更新生产、完工入库 由生产总监将各生产线上的在制品向前推进一格。产品下线表示产品完工，将产品放置于相应的成品库
	3. 购买、更新、转产生产线 （1）购买生产线。生产总监向供应商购买所需要的生产线，并不是将现金交给供应商，而是按照生产线的安装周期和投入的安装费用放在生产线区域，如果安装完毕，生产线就可以使用了 （2）转产。将沙盘上的转产品牌换成新的产品品牌 （3）变卖。将不使用的生产线卖掉，将生产线交给供应商，并取得相应收入，放在现金库
	4. 开始新的生产 产品研发完成后，可以接单生产。不同产品需要的原料不同。每条生产线只能有 1 个产品在线。产品上线生产需要支付加工费 这个任务需要生产总监、仓库主管和财务总监共同完成。生产总监根据产品结构到仓库领用相应原料，财务总监支付工人的加工费，将原料、加工费放入桶中置于生产线上第 1 个生产周期处
	5. 支付设备维修费 生产总监从财务总监处取相应现金置于“维修费”区域，并做好现金收支记录

2.2.4 财务总监和会计主管岗位职责及任务

财务状况是企业的命脉。财务总监是企业财务部门的负责人，要实现对所有者权益的控制和保证现金流的正常运转。财务总监和会计主管岗位职责及任务如表 2-8 所示。

表 2-8 财务总监和会计主管岗位职责及任务

岗位职责	1. 筹集和管理资金
	2. 做好现金预算，管好、用好资金
	3. 支付各项费用，核算成本
	4. 按时报送财务报表，做好财务分析

续表

	1. 支付税金 按照上一年度利润表的“所得税”一项的数值取出相应的现金放置于沙盘“税金”区域并做好现金收支记录
	2. 短期贷款和支付利息 更新短期贷款：如果企业有短期贷款，财务总监将空桶向现金库方向移动一格。移动至现金库时，表示短期贷款到期 还本付息：短期贷款的还款原则是利随本清。短期贷款到期时，每桶需支付 20 M×5%=1 M 的利息，因此，本金与利息合计 21 M。财务总监从现金库中取现金，其中 20 M 还给银行，1 M 放置于沙盘的“利息”处并做好现金收支记录 申请短期贷款：短期贷款只有在这个时点上可以申请。可申请额度 = 上一年所有者权益 ×2 －已有短期贷款 民间融资（紧急贷款）：企业随时可以申请民间融资，民间融资额度的规定与短期贷款相同。民间融资的管理与短期贷款相比只是利息不同
	3. 更新应收账款与归还应付账款 贴现：是将应收账款变成现金的动作。应收账款贴现随时可以进行，财务总监按 10 的倍数取应收账款，其中 1/10 作为贴现费用置于沙盘“贴息”处，9/10 放置于沙盘现金库，并做好现金收支记录；应收账款贴现时不考虑账期因素 更新应收账款：财务总监将应收账款向现金库方向推进一格，到达现金库时即成为现金，做好现金收支记录 更新应付账款：财务总监将应付账款空桶向现金库方向推进一格。到达现金库时，从现金库中取现金付清应付账款并做好现金收支记录
任务	4. 支付行政管理费 管理费用是企业为了维持运营发放的管理人员工资、差旅费、招待费等。财务总监每个季度取出 1 M（1 M=100 万元）摆放在“管理费”处，并做好现金收支记录
	5. 长期贷款 更新长期贷款：如果企业有长期贷款，财务总监将空桶向现金库方向移动一格；当移至现金库时，表示长期贷款到期 支付利息：长期贷款的还款规则是每年付息，到期还本，年利率为 10%。财务总监从现金库中取出长期贷款利息置于“利息”处，并做好现金收支记录。长期贷款到期时，财务总监从现金库中取出现金归还本金及当年的利息，并做好现金收支记录 申请长期贷款：长期贷款只有在年末可以申请。无论长期、短期或民间融资均以 20 M 为基本贷款单位。长期贷款最长期限为 5 年，短期及民间融资为 1 年，贷款到期后返还
	6. 购买（或租赁）厂房 如果购买，财务总监取出与厂房价值相等的现金放置于厂房价值处，并做好现金收支记录；如果租赁，财务总监取出与厂房租金相等的现金置于“租金”处，并做好现金收支记录
	7. 折旧 财务总监从设备净值处取出折旧费放置于“折旧”处并做好现金收支记录。当设备价值降低至 3 M 时，每年折旧 1 M 说明：①厂房不提折旧；②厂房可以随时使用，年底再决定是否购买。如果购买，则支付相应现金并放入厂房价值区；如果不购买，则必须支付全年的租金
	8. 关账 一年经营下来，年终要做一次“盘点”，编制“利润表”和“资产负债表”。在报表做好之后，指导老师将会取走沙盘上企业已支出的各项费用，为下一年做好准备

2.2.5 采购总监岗位职责及任务

采购总监是企业采购部门的负责人，负责统筹计划和确定采购内容，保证生产的供应，其岗位职责及任务如表 2-9 所示。

表 2-9 采购总监岗位职责及任务

岗位职责	1. 负责编制和实施采购供应计划
	2. 分析供应渠道和市场供求变化情况
	3. 及时订货
	4. 进行库存管理
	5. 监督采购环节的结算过程
任务	1. 接受并支付已定购的货物 货物到达企业时，必须照单全收，并按规定支付原料费或计入应付账款
	2. 下材料订单 原材料采购涉及 2 个环节，签订采购合同和按合同收料。签订采购合同时要注意采购提前期。R1、R2 原材料需要 1 个季度的采购提前期，而 R3、R4 原材料需要 2 个季度的采购提前期

2.3 沙盘模拟经营规则

企业的正常运营涉及筹资、投资、生产、营销、研发、物流等各个方面，受到来自各个方面条件的制约，企业要不断地提升自我赢得竞争，就必须熟练地掌握市场规则，并将其熟练地运用。在企业模拟经营之前，应熟练掌握以下规则。

2.3.1 市场相关规则

1. 市场准入

市场准入规则如表 2-10 所示。

表 2-10 市场准入规则

市场	开拓费用	开拓时间
区域	1 M	1 年
国内	2 M	2 年
亚洲	3 M	3 年
国际	4 M	4 年

注：①市场准入：企业目前在本地市场经营，新市场包括区域市场、国内市场、亚洲市场和国际市场。市场准入投资按年度平均支付，允许同时开拓多个市场，每个市场每年最多投资 1 M，不允许加速投资，但允许中断。

②只有市场准入投资完成后方可在该市场投入广告选单，市场准入费用计入当年综合费用。

③ 1 M=100 万元。

2. ISO 认证

ISO 认证规则如表 2-11 所示。

表 2-11 ISO 认证规则

认证名称	认证时间	认证费用
ISO 9000	≥ 2 年	1 M/ 年
ISO 14000	≥ 3 年	1 M/ 年

注:①企业可以选择进行 ISO 9000 或 ISO 14000 认证,也可以进行两项认证,认证按年度投资,不允许加速,但可以中断。认证投资完成后领取相应的 ISO 资格,市场认证投资计入当年综合费用。

② 1 M=100 万元。

2.3.2 产品研发相关规则

产品研发相关规则如表 2-12 所示。

表 2-12 产品研发相关规则

产品	研发时间	研发投资
P2	6 Q	6 M
P3	6 Q	12 M
P4	6 Q	18 M

注:①新产品研发投资可以同时进行,按季度平均支付或延期,资金短缺时可以中断。

②新产品研发投资完成后持全部投资换取产品生产资格证,方可接单生产,研发投资计入综合费用。

③ 1 M=100 万元,Q 表示季度。

2.3.3 厂房相关规则

厂房购买、租赁与出售规则如表 2-13 所示。

表 2-13 厂房相关规则

厂房	买价	租金	售价	容量
大厂房	40 M	4 M/ 年	40 M(4 Q)	6 条生产线
小厂房	30 M	3 M/ 年	30 M(4 Q)	4 条生产线

注:①年底决定厂房是购买还是租赁,出售厂房计入 4Q 应收款,购买后将购买价放在厂房价值处,厂房不提折旧。

② 1 M=100 万元,Q 表示季度。

2.3.4 生产线相关规则

生产线投资、转产与维护、出售规则如表 2-14 所示。

表 2-14　生产线相关规则

生产线	购置费	安装周期	生产周期	转产周期	转产费用	维修费用	残值
手工线	4 M	无	3 Q	无	0	1 M/ 年	1 M
半自动线	8 M	2 Q	2 Q	1 Q	1 M	1 M/ 年	2 M
全自动线	16 M	4 Q	1 Q	2 Q	4 M	1 M/ 年	4 M
柔性线	24 M	4 Q	1 Q	无	0	1 M/ 年	8 M

注:①所有生产线都能生产所有产品,所需支付的加工费均为 1 M/ 件。

②投资:投资新的生产线按安装周期平均支付,全部投资到位的下一季度,领取该生产线所生产产品的标识并开始生产。

③转产:现有生产线转产新产品时可能需要一定的转产周期并支付一定的转产费用,最后一笔支付到期 1 个季度后方可更换产品标识。

④维护:当年在建的生产线和当年出售的生产线不交维修费。

⑤出售:无论何时出售生产线,价格均为残值。如果生产线净值大于残值,将相当于残值的部分转换为现金,将差额部分计入综合费用的其他处。

⑥折旧:每年按生产线净值的 1/3(向下取整)计算折旧,当年建成的生产线不提折旧,当生产线净值小于 3 M 时,每年提 1 M 折旧。

⑦ 1 M=100 万元,Q 表示季度。

2.3.5　产品生产相关规则

生产不同的产品需要用到的原材料及其数量不同,但生产所有产品的加工费均为 1 M/ 件,各种产品成本构成规则如表 2-15 所示。

表 2-15　产品成本构成规则

产品	成本构成					总成本
	原材料				加工费	
	R1	R2	R3	R4		
P1	1				1 M/ 件	2 M
P2	1	1			1 M/ 件	3 M
P3		2	1		1 M/ 件	4 M
P4		1	1	2	1 M/ 件	5 M

注:R1 红币,R2 黄币,R3 蓝币,R4 绿币均为原材料。1 M=100 万元。

2.3.6　原材料采购相关规则

企业生产产品需要用到各种原材料,这些原材料包括 R1、R2、R3 和 R4,不同的原材料用不同颜色的筹码表示,不同原材料的采购提前期也不同。原材料采购相关规则如表 2-16 所示。

表 2-16　原材料采购相关规则

原材料	筹码颜色	价格	采购提前期
R1	红色	1 M/ 个	1 Q

续表

原材料	筹码颜色	价格	采购提前期
R2	黄色	1 M/ 个	1 Q
R3	蓝色	1 M/ 个	2 Q
R4	绿色	1 M/ 个	2 Q

注：1 M=100 万元，Q 表示季度。

2.3.7 资金筹集相关规则

资金筹集相关规则如表 2-17 所示。

表 2-17 资金筹集相关规则

<table>
<tr><th>贷款类型</th><th>贷款年限</th><th>办理时间</th><th>最大贷款额度</th><th>利息</th><th>还款方式</th></tr>
<tr><td>长期贷款</td><td>5 年</td><td>每年年末</td><td rowspan="2">上一年所有者权益 ×2 －已有贷款总额</td><td>10%</td><td>年底付息，到期还本</td></tr>
<tr><td>短期贷款</td><td>1 年</td><td>每季度初</td><td>5%</td><td>到期一次性还本付息</td></tr>
<tr><td>紧急贷款</td><td>1 年</td><td>任何时间</td><td>与银行协商</td><td>20%</td><td>到期一次性还本付息</td></tr>
<tr><td>应收贴现</td><td>—</td><td>任何时间</td><td>应收款金额</td><td>1/10</td><td>贴现时付息</td></tr>
</table>

注：①长期贷款每年必须支付利息，到期还本，本利双清后，如果还有额度时，才允许重新申请贷款。即：如果有贷款需要归还，同时还拥有贷款额度时，必须先归还到期的贷款，才能申请新贷款。不能以新贷还旧贷（续贷），短期贷款也按本规定执行。

②结束年时，不要求归还没有到期的各类贷款。

③所有的贷款不允许提前还款。

2.3.8 广告竞单

1. 一般规则

订货会年初召开，一年只召开一次。例如，如果在该年年初的订货会上只拿到 2 张订单，那么在当年的经营过程中，再也没有获得其他订单的机会。

广告费分市场、分产品投放，订单按市场、按产品发放。例如，企业拥有 P1、P2 的生产资格，在年初国内市场的订货会上只在 P1 上投入了广告费用，在竞单时，不能在国内市场上获得 P2 的订单。又如，订单发放时，先发放本地市场的订单，按 P1、P2、P3、P4 产品次序发放；再发放区域市场的订单，再按 P1、P2、P3、P4 产品次序发放。

广告费每投入 1 M（1 M=100 万），可获得一次拿单的机会，另外要获得下一张订单的机会，还需要再投入 2 M，以此类推，每多投入 2 M 就拥有多拿一张订单的机会。广告费用计算组合为（1+2n）M（其中 n 为整数）。例如，在本地市场上投入 7 M 广告费，表示在本地市场上有 4 次拿单的机会，最多可以拿 4 张订单。但是，最终能拿到几张订单取决于当年的市场需求和竞争状况。

2. 销售排名及市场老大规则

每年竞单完成后，根据某个市场的总订单销售额进行销售排名：排名第一的为市场老大，下年如果投入了广告的话，可以不参加该市场的选单排名而优先选单；其余的公司仍按选单排名方式确定选单顺序。

例如，亚洲市场 P3 广告投放单如表 2-18 所示。

表 2-18　亚洲市场 P3 广告投放单

公司	P3 广告费	ISO 9000	ISO 14000	广告费总和	上年排名
A	1 M	—	—	1 M	1
B	2 M	1 M	1 M	4 M	2
C	2 M	1 M	—	3 M	4
D	5 M	—	—	5 M	3

亚洲市场 P3 选单顺序如下。

第一，由 A 公司选单。虽然 A 公司投入 P3 的广告费低于其余 3 家公司，但其上年在亚洲市场上的销售额排名第一，即市场老大，因此不以其投入广告费的多少来选单，而直接优先选单。

第二，由 D 公司选单。投入 P3 的广告费最高，为 5 M。

第三，由 B 公司选单。虽然 B 公司在 P3 的产品广告费上与 C 公司相同，但投入在亚洲市场上的总广告费用为 4 M，而 C 公司投入在亚洲市场上的总广告费用为 3 M，因此，B 公司先于 C 公司选单。

第四，由 C 公司选单。虽然 C 公司投入的 P3 的广告费用与 B 公司相同，但在亚洲市场上的总广告费投入低于 B 公司，因此后于 B 公司选单。

3. 选单排名顺序和流程

第一次以投入某个产品广告费用的多少产生该产品的选单顺序；如果该产品广告投入一样，按本次市场的广告总投入量（包括 ISO 广告的投入）进行排名；如果市场广告总投入量一样，按上年的该市场排名顺序排名；如果上年排名相同，采用竞标式选单，即把某一订单的销售额、账期去掉，按竞标公司所出的销售价和账期确定谁获得该订单（按出价低、账期长的顺序发单）。按选单顺序先选第一轮，每公司一轮，只能有一次机会，选择 1 张订单。第二轮按顺序再选，选单机会用完的公司则退出选单。以国际市场 P1 广告（表 2-19）和国际市场 P2 广告（表 2-20）为例。

表 2-19　国际市场 P1 广告投放单

公司	P1 广告费	ISO 9000	ISO 14000	广告费总和	上年排名
A	3 M	—	—	3 M	2
B	1 M	1 M	—	4 M	3

续表

公司	Pl 广告费	ISO 9000	ISO 14000	广告费总和	上年排名
C	1 M	1 M	—	3 M	5
D	—	—	—	—	4
E	—	—	—	—	1

表 2-20　国际市场 P2 广告投放单

公司	P2 广告费	ISO 9000	ISO 14000	广告费总和	上年排名
A	—	—	—	3 M	2
B	1 M	—	—	4 M	3
C	1 M	—	—	3 M	5
D	1 M	1 M	1 M	3 M	4
E	—	—	—	—	1

国际市场 P1 选单顺序如下。

第一，由 A 公司选单。在国际市场上，市场老大 E 公司没有投入 P1 的广告费，而 A 公司投入 Pl 的广告费最高，为 3 M。

第二，由 B 公司选单。虽然 B 公司的 P1 广告费与 C 公司相同，但投入国际市场上的总广告费用为 4 M，而 C 公司投入国际市场上的总广告费用为 3 M，因此， B 公司先于 C 公司选单。

第三，由 C 公司选单。由于 C 公司投入的 P1 广告费用与 B 公司相同，但在国际市场上的总广告费投入低于 B 公司，因此后于 B 公司选单。

第四，由 A 公司再选单。A 公司投入 P1 广告费组合为（1+2）M，因此获得多一次的选单机会。

国际市场 P2 选单顺序如下。

第一，由 B 公司选单。在国际市场上，市场老大 E 公司没有投入 P2 广告费，虽然 B、C、D 公司投入的 P2 广告费相同，但在国际市场上的总广告费投入 B 公司最高，因此 B 公司最先选单。

第二，由 D 公司选单。虽然 D 公司的 P2 广告费与 C 公司相同，且在国际市场上的总广告费也与 C 公司相同，但在上年的经营过程中，D 公司排名第 4，C 公司排名第 5，因此，D 公司先于 C 公司选单。

第三，由 C 公司选单。虽然 C 公司的 P2 广告费与 D 公司相同，且在国际市场上的总广告费也与 D 公司相同，但在上年的经营过程中，D 公司排名第 4，C 公司排名第 5，因此，C 公司最后选单。

4. 订单种类

第一类订单为普通订单。普通订单在一年之内任何交货期均可交货，订单上的账期表示客户收货时货款的交付方式。例如：0 账期，表示采用现金付款；4 账期，表示客户付给企业的是4个季度的应收账款。普通订单如图2-15所示。

第三年	本地市场	P2-1/4
产品数量：	2P2	
产品单价：	8.5 M/个	
总金额：	17 M	
账期：	4 Q	

图 2-15　普通订单

第二类订单为加急订单。加急订单第一季度必须交货，若不按期交货，会受到相应的处罚。加急订单如图2-16所示。

第三年	本地市场	P2-1/4
产品数量：	2P2	
产品单价：	8.5 M/个	
总金额：	17 M	
账期：	4 Q	
加急		

图 2-16　加急订单

第三类订单为ISO订单，包括ISO 9000订单、ISO 14000订单和ISO 9000、ISO 14000订单。要获得ISO订单，企业必须完成ISO 9000、ISO 14000认证投资，并且在市场上投放了ISO 9000、ISO 14000广告，才能获得ISO订单。ISO 9000或ISO 14000的广告费均为1 M，且对该市场上的所有产品均有效。ISO 9000订单如图2-17所示，ISO 14000订单如图2-18所示，ISO 9000、ISO 14000订单如图2-19所示。

第三年	本地市场	P2-1/4
产品数量：	2P2	
产品单价：	8.5 M/个	
总金额：	17 M	
账期：	4 Q	
ISO 9000		

图 2-17　ISO 9000 订单

第三年	本地市场	P2-1/4
产品数量：	2P2	
产品单价：	8.5 M/个	
总金额：	17 M	
账期：	4 Q	
ISO 14000		

图 2-18　ISO 14000 订单

第三年	本地市场	P2-1/4
产品数量：	2P2	
产品单价：	8.5 M/ 个	
总金额：	17 M	
账期：	4 Q	
ISO 9000		
ISO 14000		

图 2-19 ISO 9000、ISO 14000 订单

5. 交货规则

必须按照订单规定的数量整单交货。

6. 违约处罚规则

所有订单必须在规定的期限内完成交货（按订单上的产品数量交货），即加急订单必须在第一季度交货，普通订单必须在本年度交货。如果订单没有完成，按下列条款加以处罚。

第一，下年市场地位下降一级（如果是市场第一的，则该市场第一空缺，所有公司均没有优先选单的资格）。

第二，交货时扣除订单额的 25％（向下取整）作为违约金。

例如，A 公司在第 2 年为本地市场的老大，且在本地市场上有一张总额为 20 M 的订单，但由于产能计算失误，在第 2 年不能交货，则在参加第 3 年本地市场订货会时丧失市场老大的订单选择优先权，并且在第 3 年该订单必须首先交货，交货时需要扣除 5 M（20 M×25％）的违约金，只能获得 15 M 的货款。

2.3.9 破产规则

任一经营期内，如果经营不善则可能导致破产倒闭。企业出现以下两种状况之一时宣告破产。

（1）企业的所有者权益小于或等于零。

（2）企业现金断流。

企业破产后，仍可以继续经营，但必须严格按照产能争取订单（每次竞单前需要向裁判提交产能报告），严格按照明确的规定进行资金注入，破产的小组不参加最后的成绩排名。

2.3.10 扣分规则

企业模拟经营的成绩是以最后一年的所有者权益为基数，以生产能力、资源等为加权系数计算而得到的综合分，分高者为优胜。

已经获得的各项资格认证（市场准入、ISO 资格、产品研发）可以获得加分，正在开发但没有完成的各项资格认证不能获得加分。

在企业运营过程中，对于不能按照规则运营或不能按时完成运行的企业，在最终评定的总分中，将会有扣分的处罚。凡有以下情况者，从综合得分中扣除相应的得分。

（1）迟交报表。未在规定时间内提交报表，超过时间在 1~10 分钟内，罚 1 分 / 分钟；超过时间在 10~20 分钟内，罚 2 分 / 分钟；超过时间在 20 分钟以上者，由教师强行平账，另外参照报表错误进行罚分。

（2）报表有误。报表错误、报表不平或者账实不符，罚 20 分 / 次。

（3）流程不规范。企业运营中，未按照规定的流程进行，罚 10 分 / 次；违反规则运营（如新建生产线没有执行规定的安装周期、没有按照标准的生产周期进行生产）、不如实填写管理表单（如不填写原材料采购表、贷款申请表）等情况，罚 20 分 / 次。

（4）借紧急贷款。借紧急贷款罚 15 分 / 次。

第 3 章　模拟企业状况及沙盘初始状态设置

3.1　模拟企业状况介绍

3.1.1　企业的经营状况

这里模拟的是一个典型的离散制造型企业，该企业创建已有两年时间，长期以来一直专注于某行业 P 系列产品的生产与经营，目前生产的 Pl 在本地市场知名度很高，客户也很满意。同时企业拥有自己的厂房，生产设施齐备，状态良好。最近，一家权威机构对该行业的发展前景进行了预测，认为 P 系列产品将会从目前的相对低技术产品发展为高技术产品。为了适应技术发展的需要，公司董事会及全体股东决定将企业交给一批优秀的新人去发展（模拟经营者），他们希望新的管理层能完成以下工作。

（1）投资新产品的开发，使公司的市场地位进一步得到提升。

（2）开发本地市场以外的其他新市场，进一步拓展市场领域。

（3）扩大生产规模，采用现代化生产手段，努力提高生产效率。

（4）研究在信息时代如何借助先进的管理工具提高企业管理水平。

（5）增强企业凝聚力，形成鲜明的企业文化。

（6）加强团队建设，提高组织效率。

简而言之，随着 P 系列产品从相对低技术产品发展为高技术产品，新的管理团队必须创新经营、专注经营，才能完成公司董事会及全体股东的期望，实现良好的经营业绩。

3.1.2　企业的经营环境

目前，国家经济状况发展良好，消费者收入稳步提高，P 行业将迅速发展。然而该企业生产制造的产品几乎全部在本地销售，董事会和股东认为在本地以外以及国外市场上的机会有待发展，董事会希望新的管理层去开发这些市场。同时，Pl 在本地市场知名度很高，客户很满意，然而要保持市场地位，特别是进一步提升市场地位，企业必须研发新产品，目前已存在一些处于研发中的新产品的项目。在生产设施方面，目前的生产设施状态良好，但是在发展目标的驱使下，预计必须投资额外的生产设施。具体方法可以是建新的厂房或将现有的生产设施现代化。

在行业发展状况方面，P1 由于技术水平低，虽然近几年需求较旺，但未来将会逐渐下降。P2 是 P1 的技术改进版，虽然技术优势会带来一定的需求量增长，但随着新技术的出现，需求最终会下降。P3、P4 为全新技术产品，发展潜力很大。根据一家权威的市场调研机构对未来 6 年里各个市场需求的预测，P1 是目前市场上的主流产品，P2 作为 P1 的技术改良产品，也比较容易获得大众的认同。P3 和 P4 作为 P 系列的高技术产品，各个市场对它们的认同度不尽相同，需求量与价格也会有较大的差异。下面我们根据不同的目标市场进行详细分析。

1. 本地市场分析

如图 3-1 所示（左图纵坐标表示数量，横坐标表示年份；右图纵坐标表示价格，横坐标表示年份），本地市场将会持续发展，客户对低端产品的需求可能要下滑。伴随着需求的减少，低端产品的价格很有可能会逐步走低。后几年，随着高端产品的成熟，市场对 P3、P4 的需求量将会逐渐增大。同时随着时间的推移，客户的质量意识将不断提高，后几年可能会对厂商是否通过了 ISO 9000 认证和 ISO 14000 认证有更多的要求。

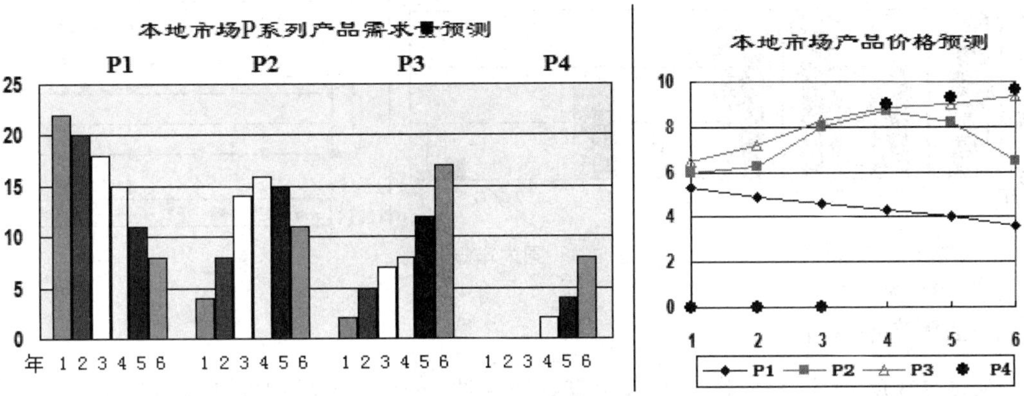

图 3-1　本地市场预测

2. 区域市场分析

如图 3-2 所示，区域市场的客户对 P 系列产品的喜好相对稳定，因此，市场需求量的波动也很有可能会比较平稳。因其紧临本地市场，所以产品需求量的走势可能与本地市场相似，价格趋势也应大致一样。该市场的客户比较乐于接受新的事物，因此对于高端产品也会比较有兴趣。但由于受到地域的限制，该市场的需求总量非常有限。并且这个市场上的客户比较挑剔，因此，在以后几年，客户会对厂商是否通过了 ISO 9000 认证和 ISO 14000 认证有较高的要求。

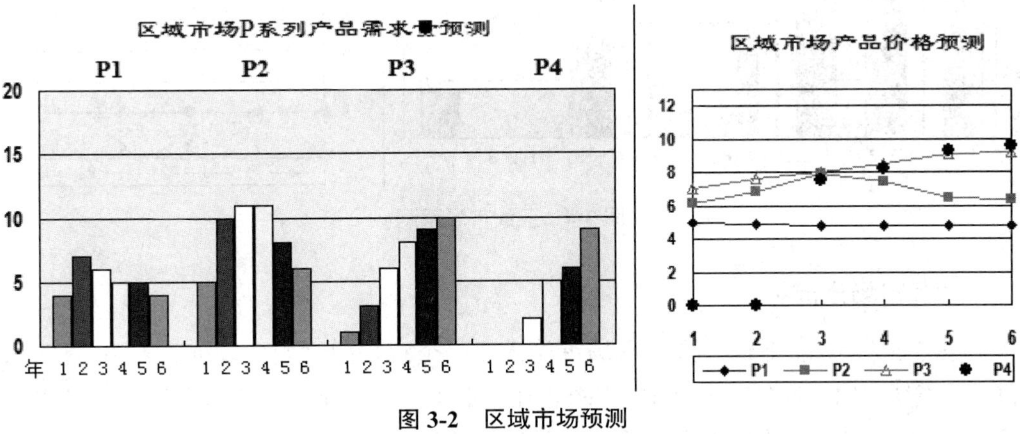

图 3-2　区域市场预测

3. 国内市场分析

如图 3-3 所示，因为 P1 带有较浓的地域色彩，估计国内市场对 Pl 不会有持久的需求。但 P2 因为更适合国内市场，所以估计需求会一直比较平稳。随着对 P 系列产品新技术的逐渐认同，估计对 P3 的需求会发展较快，但这个市场上的客户对 P4 却并不是那么认同。当然，对于高端产品来说，客户一定会更注重产品的质量保证。

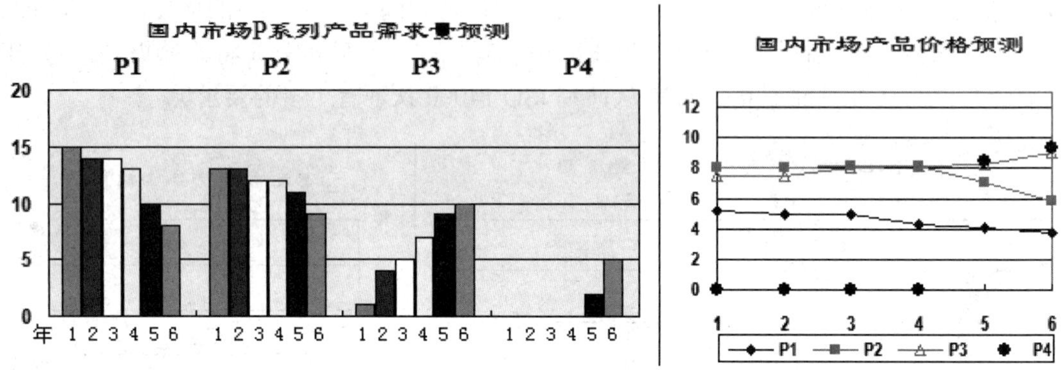

图 3-3 国内市场预测

4. 亚洲市场分析

如图 3-4 所示，这个市场上的客户喜好一向波动较大，不易把握，所以对 P1 的需求可能起伏较大，估计 P2 的需求走势也会与 Pl 相似。但该市场对新产品很敏感，因此估计对 P3、P4 的需求会发展较快，价格也可能不菲。另外，这个市场的消费者很看重产品的质量，所以在以后几年里，如果厂商没有通过 ISO 9000 和 ISO 14000 认证，其产品可能很难销售。

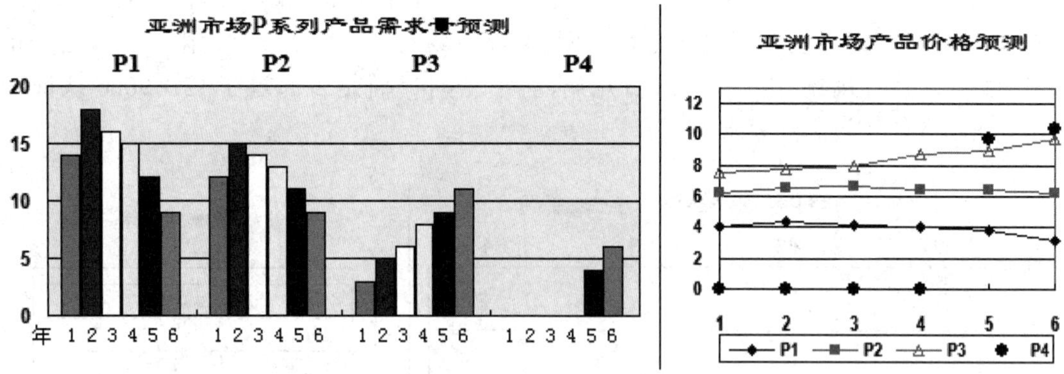

图 3-4 亚洲市场预测

5. 国际市场分析

如图 3-5 所示，企业进入国际市场可能需要一个较长的时期。有迹象表明，目前这一市场上的客户对 P1 已经有所认同，需求也比较旺盛。对于 P2，客户将会谨慎地接受。仍需要一段时间，P2 才能被市场接受。对于新兴的技术，这一市场上的客户将会以观望为主，因此对 P3 和 P4 的需求将发展极慢。因为产品需求主要集中在低端产品，所以客户对 ISO 国际认证的要求并不如其他几个市场那么高，但也不排除在后期会有这方面的需求。

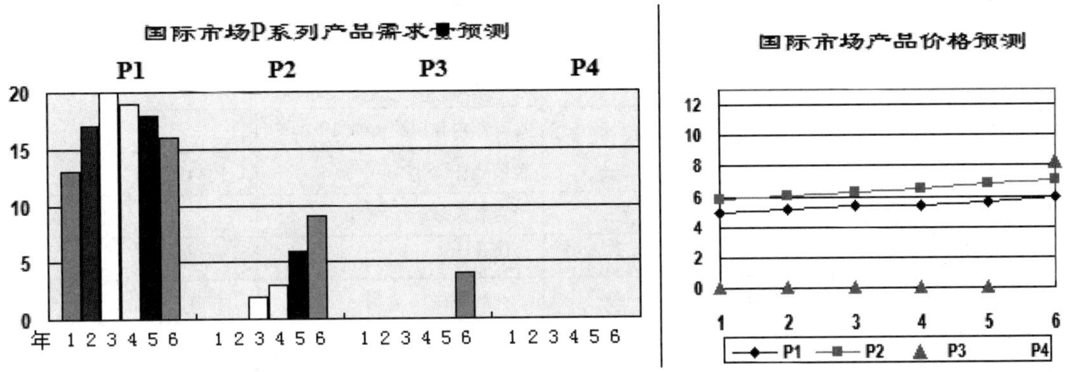

图 3-5 国际市场预测

3.1.3 企业的财务状况

在上届决策者的带领下，企业取得了一定的成绩，具体情况如利润表（表 3-1）和资产负债表（表 3-2）所示。

表 3-1 利润表

单位：百万元

项　　目	上年数	本年数
销售收入	35	—
直接成本	12	—
毛利	23	—
综合费用	11	—
折旧前利润	12	—
折旧	4	—
支付利息前利润	8	—
财务费用	4	—
其他收入 / 支出	—	—
税前利润	4	—
所得税	1	—
净利润	3	—

表 3-2 资产负债表

单位：百万元

资　　产	期初数	期末数	负债和所有者权益	期初数	期末数
流动资产：			负债：		
现金	20	—	长期负债	40	—

续表

资　　产	期初数	期末数	负债和所有者权益	期初数	期末数
应收款	15	—	短期负债	—	—
在制品	8	—	应付账款	—	—
产成品	6	—	应交税金	1	—
原材料	3	—	一年内到期的长期负债	—	—
流动资产合计	52	—	负债合计	41	—
固定资产：			所有者权益：		
土地和建筑	40	—	股东资本	50	—
机器设备	13	—	利润留存	11	—
在建工程	—	—	年度净利	3	—
固定资产合计	53	—	所有者权益合计	64	—
资产总计	105	—	负债和所有者权益总计	105	—

3.2　沙盘初始状况设置

ERP 沙盘模拟经营实训接手的是一个已经运营了两年的企业。虽然从基本情况描述中获得了企业运营的基本信息，但还需要把这些枯燥的数字活生生地再现到沙盘盘面上，为下一步的企业运营做好准备。

从资产负债表上可以看出，模拟企业资产总计 105 M（1 M=100 万元，即 1.05 亿元）。下面按照步骤来设置企业的初始状态。

3.2.1　生产中心

1. 大厂房 40 M

企业拥有自主厂房——大厂房，价值 40 M，即 4 000 万元。财务总监将等值资金放在大厂房价值处。

2. 设备价值 13 M

企业已购置了 4 条生产线，包括 3 条手工线和 1 条半自动线，将手工线和半自动线依次放在生产线 1~4 的位置。生产线扣除折旧，目前手工线的净值为 3 M，即 300 万元，半自动线的净值为 4 M，即 400 万元。财务总监取出 4 个空桶，分别放置 3 M、3 M、3 M、4 M，放置在生产线下方的净值处。

3. 在制品 8 M

在制品是指处于加工过程中，尚未完工入库的产品。4 条生产线上各有一个 P1 在制品，手工线有 3 个生产周期，第 1 条手工线上的 P1 在制品处于第一周期，第 2 条手工线上的 P1 在制品处于第二周期，第 3 条手工线上的 P1 在制品处于第三周期，半自动线有 2 个生产周期，P1 在制品处于第一周期。

P1 由一个 R1 原料和加工费构成，1 个 R1（红币）1 M，加工费 1 M，P1 的成本是 2 M。采购总监、生产总监、财务总监配合制作 4 个 P1 在制品放在各条生产线相应的位置。

生产中心初始状态设置完毕，生产中心的初始盘面如图 3-6 所示。

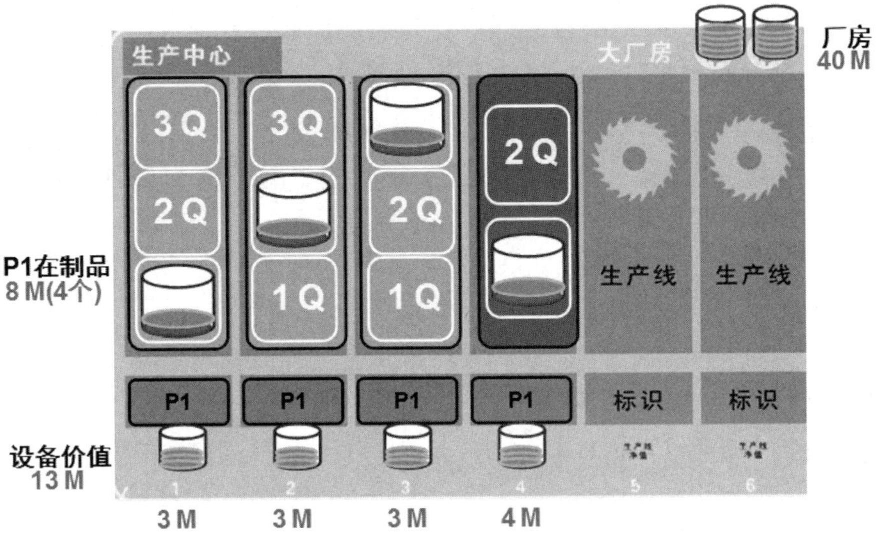

图 3-6　生产中心初始状态

3.2.2　物流中心

1. 原材料 3 M

R1 原材料库中有 3 个 R1 原材料，每个 R1 价值 1 M，共 3 M。采购总监取 3 个空桶，每个空桶中分别放置 1 个 R1 原材料，并放置在 R1 原材料库中。

2. 原材料订单 2 个

原材料 R1 的采购需要提前 1 个季度，已向供应商发出采购订单，预订 2 个 R1 原材料。采购总监将 2 个空桶放置在 R1 订单处。

3. 产成品 6 M

目前生产完成 3 个 P1 成品，生产总监取 3 个空桶，分别在每个桶中放置 1 个 R1 原材料和 1 M 的加工费，并将 3 个 P1 放置在 P1 产品库中。

物流中心初始状态设置完毕，物流中心的初始盘面如图 3-7 所示。

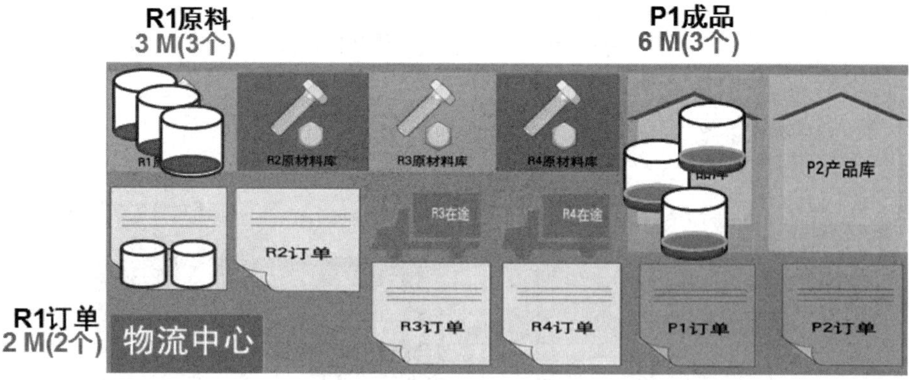

图 3-7　物流中心初始状态

3.2.3　财务中心

1. 现金 20 M

目前，企业拥有现金 20 M，即 2 000 万元。财务总监将一满桶灰币放置于现金库中。

2. 应收账款 15 M

为获得尽可能多的客户，企业采用赊销策略，允许客户在一定期限内缴清货款。目前，企业有 15 M，即 1 500 万元的应收账款。账期的单位是季度，离现金库最近的是 1 账期，最远的是 4 账期。财务总监将 15 M 装入桶中，放置在应收账款 3 账期处。

3. 长期贷款 40 M

目前，企业有 40 M，即 4 000 万元长期贷款。贷款用空桶表示，1 个空桶代表贷款 20 M。长期贷款以年度为期限，离现金库最近的为第 1 年，离现金库最远的为第 5 年。财务总监取 2 个空桶，将其分别放在长期贷款第 4 年和第 5 年处。

财务中心初始状态设置完成，财务中心的初始盘面如图 3-8 所示。

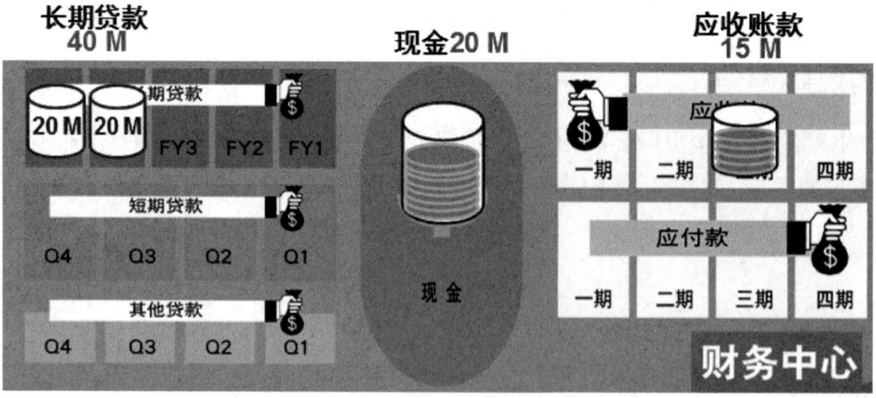

图 3-8　财务中心初始状态

3.2.4 营销与规划中心

目前，企业已经获得 P1 生产资格，获得了本地市场准入资格。营销总监将 P1 生产资格证放置于 P1 生产资格处，将本地市场准入证放置于本地市场准入处。

营销与规划中心初始状态设置完成，营销与规划中心的初始盘面如图 3-9 所示。

图 3-9 营销与规划中心初始状态

3.3 模拟企业运营流程

新管理层接手企业，需要有一个适应阶段，熟悉企业的内部运营流程。因此，在 ERP 沙盘模拟经营实训中，设计了起始年的运营。

企业的实际运营过程是非常复杂的，在 ERP 沙盘模拟实训中，我们用“企业运营流程”简化了企业的实际运营过程，如表 3-3 所示。企业运营流程反映了两个内容：一是企业经营过程中必须做的各项工作；二是开展各项工作时需要遵循的先后顺序。企业运营流程是企业经营活动的指南。企业的运营流程，按照时间顺序可以分为年初的工作、每季度的工作和年末的工作。执行企业运营流程时由总经理主持，团队成员各司其职，有条不紊，每执行完一项工作，总经理在方格中打“ √ ”作为完成标志。

表 3-3 企业运营流程记录

企业运营流程 请按顺序执行下列各项工作		每执行完一项工作，CEO 在相应的方格内打“ √ ” 财务总监（助理）在方格中填写现金收支情况			
年初	新年度规划会议				
	支付广告费 / 参加订货会 / 登记销售订单				
	制订新年度计划				
	支付应交税金				
1	季初现金盘点（请填余额）				
2	更新短期贷款 / 短贷还本付息 / 申请短期贷款（紧急贷款）				

续表

企业运营流程 请按顺序执行下列各项工作		每执行完一项工作，CEO 在相应的方格内打“√” 财务总监（助理）在方格中填写现金收支情况			
3	更新应付款 / 归还应付款				
4	原材料入库 / 更新原材料订单				
5	下原材料订单				
6	更新生产 / 完工入库				
7	投资新生产线 / 变卖生产线 / 生产线转产				
8	向其他企业购买原材料 / 出售原材料				
9	开始下一批生产				
10	更新应收款 / 应收款收现				
11	出售厂房				
12	向其他企业购买成品 / 出售成品				
13	按订单交货				
14	产品研发投资				
15	支付行政管理费				
16	其他现金收支情况登记				
年末	支付长贷利息 / 更新长期贷款 / 归还长期贷款 / 申请长期贷款				
	支付设备维修费				
	支付租金 / 购买厂房				
	计提折旧				（ ）
	新市场开拓 /ISO 资格认证投资				
17	现金收入合计				
18	现金支出合计				
19	期末现金对账（请填余额）				
	结账				

3.3.1 年初的各项工作

1. 新年度规划会议

在开始新的一年经营之前，CEO 应当召集各位业务主管召开新年度规划会议，根据各位主管掌握的信息和企业的实际情况，初步提出企业在新一年的各项投资规划，包括市场和认证开发、产品研发、设备投资、生产经营等规划。同时，为了能准确地在一年一度的产品订货会上争取到销售订单，还应当根据规划精确地计算出企业在该年的产品完工数量，确定企业的可接订单数量。

新年度规划涉及企业在新的一年如何开展各项工作的问题。在进行规划时，企业首先应当对市场进行准确的预测，包括预测各个市场产品的需求状况和价格水平，预测竞争对手可能的目标市场和产能情况，预测各个竞争对手在新的一年的资金状况（资金的丰裕和不足将极大地影响企业的投资和生产），在此基础上，各业务主管提出新年度规划的初步设想，大家就此进行论证，最后，在权衡各方利弊得失后，作出企业新年度的初步规划。

2. 支付广告费 / 参加订货会 / 登记销售订单

1）支付广告费

在 ERP 沙盘模拟经营实训中，企业只有在相应的目标市场投放了广告费，才有资格在该市场争取订单。“广告费用表”是企业争取订单的唯一依据，也是企业当期支付广告费的依据，应当采取科学的态度，认真对待。每年年初，企业需要分市场、分产品在“广告费用表”上登记投放的广告费用。操作要点如下。

（1）营销总监在“广告费用表”的相应栏中填写某市场某产品的广告费用，广告费用为整数。

（2）财务总监将所有市场、所有产品的广告费（包括产品广告和认证广告）进行汇总，从现金库中拿出相应数量的灰币，放置在沙盘“综合费用”的“广告费”处，并在运营流程记录表中记录现金的减少数。

2）参加订货会

在 ERP 沙盘模拟经营中，销售产品的唯一途径就是参加产品订货会，争取销售订单。一般来说，由企业的营销总监代表企业参加订货会，争取销售订单。

3）登记销售订单

客户订单相当于与企业签订的订货合同，需要进行登记管理。操作要点如下。

（1）营销总监领取订单后，负责将订单中的订单号、市场、产品、数量、账期登记在当年的“订单登记表”（表 3-4）中。按订单交货时，再登记销售额、成本和毛利。

表 3-4　订单登记表

订单号											合计
市场											
产品											
数量											
账期											
销售额											
成本											
毛利											
未交单											

（2）CEO 在监督各成员正确完成以上操作后，在运营流程记录表对应的方格内打“√”。

3. 制订新年度计划

企业应当根据销售订单对前期制定的新年度规划进行调整，制订新年度工作计划。新年度工作计划是企业在新的一年为了开展各项经营活动而事先进行的工作安排，它是企业执行各项任务的基本依据。新年度工作计划一般包括投资计划、生产计划、销售计划、采购计划、资金筹集计划等。沙盘企业中，当企业取得销售订单后，企业的销售任务基本明确，已经不需要制订销售计划了。这样，企业的新年度计划主要围绕生产计划、采购计划和资金的筹集计划来进行。

为了使新年度计划更具有针对性和科学性，计划一般是围绕预算来制订的。预算可以将企业的经营目标分解为一系列具体的经济指标，使生产经营目标进一步具体化，并落实到企业的各个部门，这样企业的全体员工就有了共同努力的方向。沙盘企业中，通过编制预算，特别是现金预算，可以在企业经营之前预见经营过程中可能出现的现金短缺或盈余，便于企业安排资金的筹集和使用；同时，通过预算，可以对企业的规划及时进行调整，防止出现由于资金断流而破产的情况。

现金预算，首先需要预计现金收入和现金支出。实际工作中，现金收入和支出只能进行合理的预计，很难进行准确的测算。沙盘企业中，现金收入相对单一，主要是销售产品收到的现金，可以根据企业的销售订单和预计交单时间准确地估算。现金支出主要包括投资支出、生产支出、采购材料支出、综合费用支出和日常管理费用支出等。这些支出可以进一步分为固定支出和变动支出两部分。固定支出主要是投资支出、综合费用支出、管理费用支出等，企业可以根据规则和企业的规划准确计算。变动支出是随产品生产数量的变化而变化的支出，主要是生产支出和原材料采购支出。企业可以根据当年的生产线和销售订单情况安排生产，在此基础上通过编制“产品生产与原材料需求计划”，准确地测算出每个季度投产所需要的加工费。同时，根据原材料需求计划确定原材料采购计划，准确确定企业在每个季度采购原材料所需要的采购费用。这样，通过预计现金收入和现金支出，可以比较准确地预计企业现金的短缺或盈余。如果现金短缺，就应当想办法筹集资金，如果不能筹集资金，就必须调整规划或计划，减少现金支出。反之，如果现金有较多盈余，可以调整规划或计划，增加长期资产的投资，增强企业的后续发展实力。

沙盘企业中，由于业务简化，预算编制可以采用简化的程序，即根据销售订单，先编制产品生产计划，再编制原材料采购计划，最后编制现金预算。

1）生产计划

生产计划主要包括产品生产及原材料需求计划、开工计划等。

前面我们已经介绍，企业在参加订货会之前，为了准确计算新的一年产品的完工数量，已经根据自己的生产线情况编制了“产品生产与原材料需求计划”。但是，由于取得的销售订单可能与预计有差异，企业有时需要根据取得的销售订单对产品生产计划进行调整，为此，就需要重新编制该计划。然后，企业根据确定的新的“产品生产与原材料需求计划”，编制“开工计划”和“原材料需求计划”。

“开工计划”是生产总监根据“产品生产与原材料需求计划”编制的，它将各条生产线产品投产数量按产品加总，将分散的信息集中在一起，可以直观看出企业在每个季度投产了哪些产品、分别有多少。同时，根据产品的投产数量，能准确确定出每个季度投产产品所需要的加工费。财务总监根据该计划提供的加工费信息，作为编制现金预算的依据之一。下面举例根据“产品生产与原材料需求计划”编制该企业的“开工计划”。

假如从“产品生产与原材料需求计划”可以看出，企业在第一季度投产 1 个 P1，2 个 P2，共计投产 3 个产品。根据规则，每个产品上线需投入加工费 1 M，第一季度投产 3 个产品，需要 3 M 的加工费。同样，企业根据产品投产数量可以推算出第二、三、四季度需要的加工费。

生产产品必须有原材料，没有原材料，企业就无法进行产品生产。企业要保证原材料的供应，就必须事先知道企业在什么时候需要什么原材料，需要多少。企业可以根据“产品生产与原材料需求计划”编制“原材料需求计划”，确定企业在每个季度所需要的原材料。“原材料需求计划”可以直观反映企业在某一季度所需要的原材料数量，采购总监可以据此订购所需要的原材料，保证原材料的供应。

2）原材料采购计划

企业要保证原材料的供应，必须提前订购原材料。实际工作中，采购原材料可能是现款采购，也可能是赊购。沙盘企业中，一般采用现款采购的规则。也就是说，订购的原材料到达企业时，必须支付现金。

原材料采购计划相当于实际工作中企业编制的“直接原材料预算”，它是以生产需求计划为基础编制的。在编制原材料采购计划时，主要应当注意以下 3 个问题。

（1）订购的数量。订购原材料的目的是为了保证生产的需要，如果订购过多，占用了资金，造成资金使用效率的下降；订购过少，则不能满足生产的需要。所以，原材料的订购数量应当以既能满足生产需要，又不造成资金的积压为原则，尽可能做到原材料零库存。为此，应当根据原材料的需要量和原材料的库存数量来确定原材料的订购数量。

（2）订购的时间。一般情况下，企业订购的原材料当季度不能入库，要在下 1 个季度或下 2 个季度才能到达企业，为此，企业在订购原材料时，应当考虑原材料运输途中的时间，即原材料提前订货期。

（3）采购原材料付款的时间和金额。采购的原材料一般在入库时付款，付款的金额就是原材料入库应支付的金额，如果订购了原材料，就必须按期购买。当期订购的原材料不需要支付现金。

企业编制原材料采购计划，可以明确企业订购原材料的时间。采购总监可以根据该计划订购原材料，防止多订、少订、漏订原材料，保证生产的需要。同时，财务总监根据该计划可以了解企业采购原材料的资金需求情况，及时纳入现金预算，保证资金的供应。

下面举例根据“原材料需求计划”，采购总监编制该企业的原材料采购计划。

假如从“原材料需求计划”中可以看出，企业在每个季度都需要一定数量的 R1 和 R2 原材料，根据规则，R1 和 R2 原材料的提前订货期均为 1 个季度，也就是说，企业需要提前

1 个季度订购原材料。比如，企业在本年第一季度需要 3 个 R1 和 2 个 R2，则必须在上年的第四季度订购。当上年第四季度订购的原材料在本年第一季度入库时，需要支付原材料款 5 M。同样，企业可以推算在每个季度需要订购的原材料以及付款的金额。据此，采购总监编制原材料采购计划。

企业在经营过程中，常常出现现金短缺的“意外”情况，正常经营不得不中断，搞得经营者焦头烂额。其实，仔细分析我们会发现，这种“意外”情况的发生不外乎两方面的原因：第一，企业没有正确编制预算，导致预算与实际严重脱节；第二，企业没有严格按计划进行经营，导致实际严重脱离预算。为了合理安排和筹集资金，企业在经营之前应当根据新年度计划编制现金预算。

现金预算是有关预算的汇总，由现金收入、现金支出、现金多余或不足、资金的筹集和运用 4 个部分组成。现金收入部分由期初现金余额和预算期现金收入两部分构成。现金支出部分包括预算的各项现金支出。现金多余或不足是现金收入合计与现金支出合计的差额。差额为正，说明收入大于支出，现金多余，可用于偿还借款或用于投资；差额为负，说明支出大于收入，现金不足，需要筹集资金或调整规划或计划，减少现金支出。资金的筹集和运用部分是当企业现金不足或富余时，筹集或使用的资金。

沙盘企业中，企业取得销售订单后，现金收入基本确定。当企业当年的投资和生产计划确定后，企业的现金支出也基本确定，所以，企业应该能够通过编制现金预算准确预计企业经营期的现金多余或不足，可以有效预防“意外”情况的发生。如果企业通过编制现金预算发现资金短缺，而且通过筹资仍不能解决，则应当修订企业当年的投资和经营计划，最终使企业的资金满足需要。

“现金预算表”的格式有多种，可以根据实际需要自己设计。这里，我们介绍其中的一种，这种格式是根据沙盘企业的运营规则设计的。下面简要举例介绍“现金预算表”的编制。根据前面的资料，编制该企业该年的现金预算表。假设该企业有关现金预算资料如下。

年初现金：18 M；

上年应交税金：0 M；

支付广告费：8 M；

应收款到期：第一季度 15 M，第二季度 8 M，第三季度 8 M，第四季度 18 M；

年末偿还长期贷款利息：4 M；

年末支付设备维修费：2 M。

投资规划：从第一季度开始连续开发 P2 和 P3，开发国内和亚洲市场，同时进行 ISO 9000 和 ISO 14000 认证，从第三季度开始投资安装两条全自动生产线。产品生产及原材料采购需要的资金见前面的“开工计划”和“原材料采购计划”。我们可以根据该规划，并结合生产和原材料采购计划，编制该企业的现金预算表如表 3-5 所示。

表 3-5　现金预算表

单位：百万元

项　　目	第一季度	第二季度	第三季度	第四季度
期初库存现金	18	13	14	4
市场广告投入	8			
支付上年应交税金				
支付到期短期贷款本金				
支付短期贷款利息				
支付到期的应付款				
支付原材料采购现金	5	2	4	3
支付生产线投资			8	8
支付转产费用				
向其他企业购买原材料				
向其他企业出售原材料				
支付产品加工费用	3	1	2	2
应收款到期收到现金	15	8	8	18
向其他企业购买成品				
向其他企业出售成品				
支付产品研发投资	3	3	3	3
支付管理费	1	1	1	1
其他现金收入				
其他现金支出				
支付长期贷款利息				4
偿还到期的长期贷款				
支付设备维修费				2
支付租金				
支付购买厂房费用				
支付市场开拓费用				2
支付 ISO 认证费				2
现金收入合计	15	8	8	18
现金支出合计	20	7	18	27
现金多余或不足	13	14	4	-5
向银行贷款				20
贴现收到现金				
期末现金余额	13	14	4	15

注：其他现金收入，如变卖生产线的收入；其他现金支出，如变卖生产线的损失、应收账款贴现、紧急贷款利息、订单违约罚款等。

从编制的现金预算表可以看出，企业在第一、二、三季度收到现金前的支出都小于或等于期初的现金，而且期末现金都大于零，说明现金能满足需要。第三季度末，企业现金余额为 4 M，也就是说，第四季度期初库存现金为 4 M，但是，第四季度在收到现金前的现金支出为 13 M，小于可使用的资金，这样，企业必须在第三或第四季度初筹集资金。因为企业可以在每季度初借入短期借款，所以，企业应当在第四季度初贷入 20 M 的短期贷款。

综上所述，企业为了合理组织和安排生产，在年初首先应当编制“产品生产与原材料需求计划”，明确企业在计划期内根据产能所能生产的产品数量，营销总监可以根据年初库存的产品数量和计划年度的完工产品数量确定可接订单数量，并根据确定的可接订单数量参加产品订货会。订货会结束后，企业根据确定的计划年度产品销售数量安排生产。为了保证原材料的供应，生产总监根据确定的生产计划编制“原材料需求计划”，采购总监根据生产总监编制的“原材料需求计划”编制“原材料采购计划”。财务总监根据企业规划确定的费用预算、生产预算和原材料需求预算编制资金预算，明确企业在计划期内资金的使用和筹集。

4. 支付应交税金

依法纳税是每个公民应尽的义务。企业在年初应支付上年应交的税金。企业按照上年资产负债表中“应交税金”项目的数值交纳税金。操作要点如下。

（1）财务总监从现金库中拿出相应现金放在沙盘“综合费用”的“税金”处，并在运营流程记录表中记录现金的减少数。

（2）CEO 在监督各成员正确完成以上操作后，在运营流程记录表对应的方格内打“√”。

3.3.2 每季度的工作

企业制订新年度计划后，就可以按照运营规则和工作计划进行经营了。沙盘企业日常运营应当按照一定的流程来进行，这个流程就是运营流程记录表。运营流程记录表反映了企业在运行过程中的先后顺序，必须按照这个顺序进行。

为了对沙盘企业的日常运营有详细的了解，这里按照运营流程记录表的顺序，对日常运营过程中的操作要点进行介绍。

1. 季初现金盘点

为了保证账实相符，企业应当定期对企业的资产进行盘点。沙盘企业中，企业的资产主要包括现金、应收账款、原材料、在制品、产成品等流动资产，以及在建工程、生产线、厂房等固定资产。盘点的方法主要采用实地盘点法，就是对沙盘盘面的资产逐一清点，确定出实有数，然后将运营流程记录表上记录的余额与其核对，最终确定出余额。

盘点时，CEO 指挥、监督团队成员各司其职，认真进行。如果盘点的余额与账面数一致，各成员就将结果准确无误地填写在运营流程记录表的对应位置。季初余额等于上一季度末余额，由于上一季度末刚盘点完毕，所以可以直接根据上季度的季末余额填入。

操作要点如下。

（1）财务总监根据上季度末的现金余额填写本季度初的现金余额。第一季度现金账面余额的计算公式为

年初现金余额＝上年末库存现金－支付的本年广告费－支付的上年应交税金＋其他收到的现金

（2）采购总监根据上季度末库存原材料数量填写本季度初库存原材料数量。

（3）生产总监根据上季度末库存在制品数量填写本季度初在制品数量。

（4）营销总监根据上季度末产成品数量填写本季度初产成品数量。

（5）CEO 在监督各成员正确完成以上操作后，在运营流程记录表对应的方格内打“√”。

2. 更新短期贷款／短贷还本付息／申请短期贷款（紧急贷款）

企业要发展，资金是保证。在经营过程中，如果缺乏资金，正常的经营可能都无法进行，更谈不上扩大生产和进行无形资产投资了。如果企业的经营活动正常，从长远发展的角度来看，应适度举债，“借鸡生蛋”。沙盘企业中，企业筹集资金的方式主要是长期贷款和短期贷款。长期贷款主要用于长期资产投资，比如购买生产线、产品研发等，短期贷款主要解决流动资金不足的问题，两者应结合起来使用。短期贷款的借入、利息的支付和本金的归还都是在每个季度初进行的。其余时间要筹集资金，只能采取其他的方式，不能贷入短期贷款。

1）更新短期贷款

如果企业有短期贷款，首先要更新短期贷款。操作要点如下。

财务总监将短期贷款（空桶）往现金库方向推进一格，表示短期贷款离还款时间更接近。

2）短贷还本付息

如果短期贷款（空桶）已经推进现金库，则表示该贷款到期，应还本付息。短期贷款的还款规则是利随本清。短期贷款到期时，每桶需支付 20 M×5%=1 M 的利息，因此，本金与利息共计 21 M。操作要点如下。

财务总监从现金库中取出现金，将其中的本金（20 M）还给银行，利息（1 M）放置于沙盘“综合费用”的“利息”处，并做好现金收支记录。

3）申请短期贷款

如果企业需要借入短期贷款，且拥有短期贷款的额度，可以在每个季度初申请短期贷款。可以申请的短期贷款的最高额度为：上一年所有者权益 ×2 －已有短期贷款总额。操作要点如下。

（1）财务总监填写“贷款申请表”到银行借款。短期贷款借入后，放置一个空桶在短期贷款的第 4 账期处，在空桶内放置一张借入该短期贷款信息的纸条，将现金放在现金库中，并在运营流程记录表中做好现金收支记录。

（2）CEO 在监督各成员正确完成以上操作后，在运营流程记录表对应的方格内打“√”。如果不做上面的操作，则在运营流程记录表对应的方格内打“×”。

> **特别提示：**企业可随时向银行申请紧急贷款，紧急贷款额度视企业当时的具体情况而定。如果贷了紧急贷款，可以用倒置的空桶表示，并与短期借款同样管理。

3. 更新应付款／归还应付款

企业如果采用赊购方式购买原材料，就涉及应付款。如果应付款到期，必须支付货款。企业应在每个季度对应付款进行更新。

1）更新应付款

每个季度初，如果有应付款，需要进行更新。操作要点如下。

财务总监将应付款向现金库方向推进一格。

2）归还应付款

当应付款到达现金库时，表示应付款到期，必须用现金偿还，不能延期。操作要点如下。

（1）财务总监从现金库中取出现金付清应付款，并做好现金收支记录。

（2）CEO 在监督各成员正确完成以上操作后，在运营流程记录表对应的方格内打"√"。如果不做上面的操作，则在运营流程记录表对应的方格内打"×"。

4. 原材料入库／更新原材料订单

企业只有在前期订购了原材料，在交易处登记了原材料采购数量的，才能购买原材料。

1）原材料入库

如果原材料订单本期已经推到原材料库，表示原材料已经到达企业，企业应验收入库原材料，并支付相应的原材料款。操作要点如下。

（1）财务总监从现金库中拿出购买原材料需要的现金交给采购总监，并在运营流程记录表对应的方格内记录现金的减少数。

（2）采购总监持现金和"原材料采购表"在交易处买回原材料，放在沙盘对应的原材料库中。并在"原材料采购表"中登记购买的原材料数量，同时在运营流程记录表对应的方格内登记入库的原材料数量。

2）更新原材料订单

每个季度，企业应将原材料订单中的空桶向原材料库方向推进一格，表示更新原材料订单。操作要点如下。

（1）采购总监将原材料订单向原材料库推进一格，在运营流程记录表对应的方格内打"√"。

（2）CEO 在监督各成员正确完成以上操作后，在运营流程记录表对应的方格内打"√"。如果不做上面的操作，则在运营流程记录表对应的方格内打"×"。

5. 下原材料订单

企业购买原材料必须提前在交易处下原材料订单，没有下订单则不能购买。下原材料订单不需要支付现金。操作要点如下。

（1）采购总监在"原材料采购表"上登记订购的原材料品种和数量，在交易处办理订货手续；将从交易处取得的原材料采购订单放在沙盘的"原材料订单"处，并在运营流程记录表对应的方格内记录订购的原材料数量。

（2）CEO 在监督各成员正确完成以上操作后，在运营流程记录表对应的方格内打“√”。如果不做上面的操作，则在运营流程记录表对应的方格内打“×”。

6. 更新生产／完工入库

1）更新生产

企业应在每个季度更新生产。操作要点如下。

生产总监依次将各条生产线上的在制品向前推一格，比如从 1 Q 到 2 Q，从 2 Q 到 3 Q，如果产品已经推到生产线以外，表示产品完工下线。

2）完工入库

在制品被推到生产线以外，表示产品完工下线，应及时入库。操作要点如下。

（1）生产总监将完工下线的产品放在对应的产品库位置，并在运营流程记录表对应的方格内记录完工产品的数量。如果产品没有完工，则在运营流程记录表中对应的方格内打“√”。

（2）CEO 在监督各成员正确完成以上操作后，在运营流程记录表对应的方格内打“√”。

7. 投资新生产线／变卖生产线／生产线转产

企业要提高产能，必须对生产线进行改造，包括新购、变卖和转产等。新购的生产线安置在厂房空置的生产线位置；如果没有空置的位置，必须先变卖生产线。变卖生产线的目的主要是出于战略的考虑，比如将手工线换成全自动生产线等。如果生产线要转产，应当考虑转产周期和转产费。

1）投资新生产线

当企业需要提高产能，且厂房中有空置的生产线位置时，可以投资新的生产线。操作要点如下。

（1）生产总监到交易处申请，获得新生产线标识，将标识翻转放置在厂房空置的生产线位置，并在标识上面放置与该生产线安装周期期数相同的空桶，代表安装周期。生产总监每个季度向财务总监申请建设资金，放置在其中的一个空桶内。每个空桶内都放置了建设资金，表明费用全部支付完毕，生产线在下一季度建设完成。在全部投资完成后的下一季度，生产总监将生产线标识翻转过来，领取产品标识，即可投入使用。

（2）财务总监每个季度从现金库中取出现金交给生产总监用于生产线的投资，并在运营流程记录表对应的方格内记录现金的减少数。

2）变卖生产线

企业要提高产能，可以先将落后的生产线变卖，再投资先进的生产线。任何时候，生产线只能按残值变卖。如果生产线变卖时，其净值大于残值，则有损失。操作要点如下。

（1）生产总监将生产线及其产品标识交还给交易处，并将生产线的净值从“价值”处取出，将等同于变卖的生产线的残值部分交给财务总监。

（2）如果生产线净值等于残值，财务总监将变卖生产线收到的现金放在现金库。如果生产线净值大于残值，则财务总监将净值大于残值的差额部分放在“综合费用”的“其他”处，表示出售生产线的净损失，并在运营流程记录表中对应的方格内记录现金的收支数。

3）生产线转产

生产线转产是指生产线转向生产其他产品。不同类型生产线转产所需的转产周期和费用是不同的。只有闲置的生产线才能转产。操作要点如下。

（1）生产总监持原产品标识在交易处更换新的产品标识，并将新的产品标识反面放置在生产线的“产品标识”处，待该生产线转产期满可以生产新产品时，再将该产品标识正面放置在“产品标识”处。如果转产需要支付转产费，还应向财务总监申请转产费。

（2）财务总监从现金库中拿出相应的转产费，放在“综合费用”的“转产费”处，并做好现金收支记录。

（3）CEO在监督各成员正确完成以上操作后，在运营流程记录表对应的方格内打“√”。如果不做上面的操作，则在运营流程记录表对应的方格内打“×”。

特别提示：生产线一旦建设完成，不得在各厂房间随意移动。

8. 向其他企业购买原材料／出售原材料

新产品上线生产时，原料库中必须备有足够的原材料，否则需停工待料。企业如果没有下原材料订单，就不能购买原材料。如果企业生产急需原材料，又不能从交易处购买，就只能从其他企业购买。当然，如果企业有暂时多余的原材料，也可以向其他企业出售，收回现金。

1）向其他企业购买原材料

在进行组间的原材料买卖时，首先双方要谈妥原材料的交易价格，并采取一手交钱一手交货的方式进行交易。操作要点如下。

（1）采购总监从财务总监处申请取得购买原材料需要的现金，买进原材料后，放在相应的原材料库。应当注意的是，原材料的成本是企业从其他企业购买原材料支付的价款，在计算产成品成本时应按购买的原材料价格计算。采购总监同时在运营流程记录表对应的方格内填上购入的原材料数量，并记录原材料的实际成本。

（2）财务总监在运营流程记录表对应的方格内记录购买原材料支付的现金数。

2）向其他企业出售原材料

如果企业有多余的原材料，也可以向其他企业出售。操作要点如下。

（1）采购总监从原材料库取出原材料，在运营流程记录表对应的方格内填上因出售而减少的原材料数量。收到对方支付的现金后将原材料交给购买方，并将现金交给财务总监。

（2）财务总监将出售原材料收到的现金放入现金库，并将收到的现金数记录在运营流程记录表对应的方格内。如果出售原材料收到的现金超过购进原材料的成本，表示企业取得了交易收益，财务总监应当将该收益记录在利润表的“其他收入／支出”栏（为正数）。

（3）CEO在监督各成员正确完成以上操作后，在运营流程记录表对应的方格内打“√”。如果不做上面的操作，则在运营流程记录表对应的方格内打“×”。

9. 开始下一批生产

企业如果有闲置的生产线，尽量安排生产。因为闲置的生产线仍然需要支付设备维修费、计提折旧，企业只有生产产品，并将这些产品销售出去，这些固定费用才能得到弥补。操作要点如下。

（1）生产总监从采购总监处申请领取生产产品需要的原材料，从财务总监处申请取得生产产品需要的加工费。将生产产品所需要的原材料和加工费放置在空桶中（一个空桶代表一个产品），然后将这些空桶放置在空置的生产线上，表示开始投入产品生产，并在运营流程记录表对应的方格内登记投产产品的数量。

（2）财务总监审核生产总监提出的产品加工费申请后，将现金交给生产总监。在运营流程记录表对应的方格内登记现金的减少数。

（3）采购总监根据生产总监的申请，发放生产产品所需要的原材料。在运营流程记录表对应的方格内登记生产领用原材料导致原材料的减少数。

（4）CEO 在监督各成员正确完成以上操作后，在运营流程记录表对应的方格内打"√"。如果不做上面的操作，则在运营流程记录表对应的方格内打"×"。

10. 更新应收款／应收款收现

沙盘模拟经营中，企业销售产品一般收到的是"欠条"——应收款。

1）更新应收款

如果企业有应收款，每个季度都需要更新。操作要点如下。

财务总监将应收款向现金库方向推进一格，表示应收款账期的减少。

2）应收款收现

如果应收款达到现金库时即成为现金。操作要点如下。

财务总监根据收到的应收款做好现金收入记录。

CEO 在监督各成员正确完成以上操作后，在运营流程记录表对应的方格内打"√"。如果不做上面的操作，则在运营流程记录表对应的方格内打"×"。

> **特别提示：**在资金出现缺口且不具备银行贷款条件的情况下，可以考虑应收款贴现。应收款贴现随时可以进行，财务总监按照 10 的倍数取应收款，其中 1/10 作为贴现费用置于沙盘上的"贴息"处，9/10 放入现金库。财务总监做好现金收支记录。应收款贴现时不考虑账期因素。

11. 出售厂房

企业如果需要筹集资金，可以出售厂房。厂房按购买价值出售，出售后当期不能收到现金，收到的是 4 账期的应收款。如果没有厂房，当期必须支付租金。操作要点如下。

（1）生产总监将厂房价值拿到交易处，领回 40 M 的应收款凭条，交给财务总监。

（2）财务总监将收到的应收款凭条放置在沙盘应收款的 4 Q 处。在"应收款登记表"上登记收到的应收款金额和账期，在运营流程记录表对应的方格内打"√"。

（3）CEO 在监督各成员正确完成以上操作后，在运营流程记录表对应的方格内打"√"。如果不做上面的操作，则在运营流程记录表对应的方格内打"×"。

12. 向其他企业购买成品 / 出售成品

由于产能计算失误，可能造成违约，为避免违约的重大损失可以进行组间交易。在进行组间的产品买卖时，首先双方要谈妥产品的交易价格，并采取一手交钱一手交货的方式进行交易。为清晰起见，企业之间发生产品买卖时，双方需登记“组间交易明细表”，如表3-6所示。

表 3-6　组间交易明细表

买入				卖出			
产品	数量	单价	总金额	产品	数量	单价	总金额

1）向其他企业购买成品

如果产能计算有误，可能造成取得的销售订单超过了企业最大生产能力，当年不能按订单交货，则构成违约，不仅企业信誉受损，且要接受订单总额25%的严厉惩罚。为此，企业可以从其他企业购买产品来交单。操作要点如下。

（1）营销总监代表企业去进行交易谈判，商定好产品的交易价格，从财务总监处申请取得购买产品所需要的现金，买进产品后，将产品放置在对应的产品库，并在组间交易明细表内记录购入的产品信息。注意：购进的产品成本应当是购进时支付的价款，在计算产品销售成本时应当按该成本计算。

（2）财务总监根据营销总监的申请，审核后，支付购买材料需要的现金。将购买产品支付的现金数记录在运营流程记录表对应的方格内。

2）向其他企业出售成品

如果企业有库存积压的产品，也可以向其他企业出售。操作要点如下。

（1）营销总监代表企业去进行交易谈判，商定好产品的交易价格，从产品库取出产品，从对方取得现金后将产品交给对方，将现金交给财务总监，并在“组间交易明细表”内记录出售的产品信息。

（2）财务总监将出售产品收到的现金放进现金库，并在运营流程记录表中记录现金的增加数。如果组间交易出售产品价格高于生产产品的成本，表示企业取得了交易收益，应当在编制利润表时将该收益记录在利润表的“其他收入 / 支出”栏（为正数）。

（3）CEO在监督各成员正确完成以上操作后，在运营流程记录表对应的方格内打“√”。如果不做上面的操作，则在运营流程记录表对应的方格内打“×”。

13. 按订单交货

企业只有将产品销售出去才能实现收入，也才能收回垫支的成本。产品生产出来后，企业应按销售订单交货。营销总监检查各成品库中的成品数量是否满足客户订单要求，满足则按照客户订单交付约定数量的产品给客户，并在订单登记表中登记该批产品的销售额、成本和毛利。客户按订单收货，并按订单上列明的条件支付货款，若为现金（0账期）付款，营销总监将现金交给财务总监，财务总监将现金置于现金库，并做好现金收支记录；若为应收账款，营销总监将现金置于应收款相应账期处，并在企业运营流程记录表中登记出库的产品数量。操作要点如下。

（1）销售产品前，营销总监首先在订单登记表（表3-4）中登记订单的销售额，计算出成本和毛利后，将订单和相应数量的产品拿到交易处销售。销售后，将收到的应收款凭条或现金交给财务总监。

（2）如果销售取得的是应收款凭条，财务总监则将凭条放在应收款相应的账期处，在应收款登记表上登记应收款的金额；如果取得的是现金，则将现金放进现金库，在运营流程记录表对应的方格内记录现金的增加数。

（3）CEO在监督各成员正确完成以上操作后，在运营流程记录表对应的方格内打"√"。如果不做上面的操作，则在运营流程记录表对应的方格内打"×"。

特别提示：必须按订单整单交货。

14. 产品研发投资

企业要研发新产品，必须投入研发费用。每季度的研发费用在季末一次性支付。当新产品研发完成后，企业在下一季度可以投入生产。操作要点如下。

（1）企业如果需要研发新产品，营销总监则从财务总监处申请取得研发所需要的现金，放置在产品研发对应位置的空桶内。如果产品研发投资完成，则从交易处领取相应产品生产资格证放置在"生产资格"处。企业取得生产资格证后，从下一季度开始，可以生产该产品。

（2）财务总监审核营销总监提出的研发申请之后，从现金库取出现金，将其交给营销总监。如果支付了研发费，则在运营流程记录表对应的方格内登记现金的减少数。

（3）CEO在监督各成员完成以上操作后，在运营流程记录表对应的方格内打"√"。如果不做上面的操作，则在运营流程记录表对应的方格内打"×"。

15. 支付行政管理费

企业在生产经营过程中会发生诸如办公费、人员工资等管理费用。沙盘企业中，行政管理费在每季度末一次性支付，无论企业经营情况好坏、业务量多少，都是固定不变的1 M，这是与实际工作的差异之处。操作要点如下。

（1）财务总监每季度从现金库中取出1 M现金放置在"综合费用"的"管理费"处，并在运营流程记录表对应的方格内记录现金的减少数。

（2）CEO在监督各成员完成以上操作后，在运营流程记录表对应的方格内打"√"。

16. 其他现金收支情况登记

企业在经营过程中可能会发生除上述外的其他现金收入或支出，如应收账款贴现、紧急贷款利息、未交订单罚款等，可以直接记录在该项中。操作要点如下。

（1）如果企业有其他现金收入或支出情况，财务总监则在运营流程记录表对应的方格内登记现金的增加或减少数。

（2）CEO 在监督各成员完成以上操作后，在运营流程记录表对应的方格内打“√”。如果不做上面的操作，则在运营流程记录表对应的方格内打“×”。

17. 现金收入合计

财务总监统计本季度现金收入总额。其他业务主管登记本季度入库的原材料 / 产成品 / 在制品数量。

18. 现金支出合计

财务总监统计本季度现金支出总额。第四季度的支出合计应包括第四季度和年末发生的现金支出总额。其他业务主管登记本季度出库的原材料 / 产成品 / 在制品数量。

19. 期末现金对账

每季度末，企业应对现金、原材料、在制品和产成品进行盘点，并将盘点的数额与账面结存数进行核对，如果账实相符，则将该数额填写在运营流程记录表对应的方格内。如果账实不符，则找出原因后再按照实际数填写。余额的计算公式为

现金余额＝季初余额 + 现金增加额 – 现金减少额

原材料库存余额＝季初原材料库存数量 + 本期原材料增加数量 – 本期原材料减少数量

在制品余额＝季初在制品数量 + 本期在制品投产数量 – 本期完工产品数量

产成品余额＝季初产成品数量 + 本期产成品完工数量 – 本期产成品销售数量

以上 19 项工作每个季度都要按顺序执行。

3.3.3 年末的各项工作

企业日常经营活动结束后，年末进行各种账项的计算和结转，编制各种报表，计算当年的经营成果，反映当前的财务状况，并对当年经营情况进行分析总结。

1. 支付长贷利息 / 更新长期贷款 / 归还长期贷款 / 申请长期贷款

企业为了发展，可能需要借入长期贷款。长期贷款主要用于长期资产投资，比如投资生产线、研发产品等。沙盘企业中，长期贷款只能在每年年末进行，贷款期限在一年以上，每年年末付息一次，到期还本。本年借入的长期借款下年末支付利息。

1）支付长贷利息

长期贷款的还款规则是每年付息，到期还本，年末每桶长期贷款需要支付 20 M×10%=2 M 的利息。操作要点如下。

财务总监根据企业已经借入的长期贷款总额计算本年应支付的利息，再从现金库中取出相应的利息放置在“综合费用”的“利息”处，并在运营流程记录表对应的方格内记录现金的减少数。

2）更新长期贷款

长期贷款的期限是 5 年，每年年末要进行更新。操作要点如下。

财务总监将长期贷款往现金库方向推进一格，表示偿还期的缩短。

3）归还长期贷款

如果长期贷款到期，年末要归还长期贷款的本金。操作要点如下。

如果长期贷款已经被推至现金库中，表示长期贷款到期，财务总监应持相应的现金和贷款登记表到交易处归还该贷款。

4）申请长期贷款

长期贷款只有在年末可以申请。可以申请的最高额度为：上一年所有者权益 ×2- 已有长期贷款总额。如果还有贷款额度，则可以申请长期贷款。操作要点如下。

（1）财务总监持上年报表和贷款申请表到交易处，经交易处审核后发放贷款。收到贷款后，将现金放进现金库中；同时，放一个空桶在长期贷款 5 年期处，空桶内写一张注明贷款金额、账期和贷款时间的长期贷款凭条。如果长期贷款续贷，财务总监持上年报表和贷款申请表到交易处办理续贷手续。之后，同样放一个空桶在长期贷款的 5 年期处，空桶内写一张注明贷款金额、账期和贷款时间的凭条。财务总监在运营流程记录表对应的方格内记录因支付利息、归还本金导致的现金减少数以及借入长期贷款增加的现金数。

（2）CEO 在监督各成员完成以上操作后，在运营流程记录表对应的方格内打“ √ ”，如果不做上面的操作，则在运营流程记录表对应的方格内打“ × ”。

2. 支付设备维修费

设备使用过程中会发生磨损，要保证设备正常运转，就需要进行维护。设备维护会发生诸如材料费、人工费等维修费用。沙盘企业中，只有生产线需要支付维修费。年末，只要有生产线，无论是否生产，都应支付维修费。尚未安装完工的生产线不支付维修费。设备维修费每年年末用现金一次性集中支付。操作要点如下。

（1）财务总监根据期末已完工的生产线支付设备维修费。支付设备维修费时，从现金库中取出现金放在“综合费用”的“维修费”处，并在运营流程记录表对应的方格内记录现金的减少数。

（2）CEO 在监督各成员完成以上操作后，在运营流程记录表对应的方格内打“ √ ”。

3. 支付租金／购买厂房

企业要生产产品，必须有厂房，厂房可以购买，也可以租用。

1) 支付租金

年末，企业如果在使用未购买的厂房，则必须支付租金。操作要点如下。

财务总监从现金库中取出现金放在“综合费用”的“租金”处。

2）购买厂房

企业如果不支付厂房租金，则必须购买厂房。操作要点如下。

（1）财务总监从现金库中取出购买厂房的现金放在厂房的“价值”处。在运营流程记录表对应的方格内登记购买厂房减少的现金数。

（2）CEO 在监督各成员完成以上操作后，在运营流程记录表对应的方格内打“√”，如果不做上面的操作，则在运营流程记录表对应的方格内打“×”。

4. 计提折旧

固定资产在使用过程中会发生损耗，导致价值降低，应对固定资产计提折旧。沙盘企业中，固定资产计提折旧的时间、范围和方法可以与实际工作一致，也可以采用简化的方法。本教材沙盘规则采用了简化的处理方法，与实际工作有一些差异。这些差异主要表现在：折旧在每年年末计提一次，计提折旧的范围仅仅限于生产线，折旧的方法采用直线法取整计算。在会计处理上，折旧费全部作为当期的期间费用，没有计入产品成本。操作要点如下。

（1）财务总监根据规则对生产线计提折旧。本教材采用的折旧规则是按生产线净值的 1/3 向下取整计算。比如，生产线的净值为 10，折旧为 3；净值为 8，折旧为 2。计提折旧时，根据计算的折旧额从生产线的“价值”处取出相应的金额放置在“折旧”处，并在运营流程记录表对应的方格内记录折旧的金额。注意，在计算现金支出时，折旧不能计算在内，因为折旧并没有减少现金。

（2）CEO 在监督各成员完成以上操作后，在运营流程记录表对应的方格内打“√”。

5. 新市场开拓 /ISO 资格认证投资

1）新市场开拓

企业要扩大产品的销路必须开拓新市场。不同的市场开拓的时间和费用各不相同。沙盘企业中，每年开拓市场的费用在年末一次性支付，计入当期的综合费用。操作要点如下。

（1）营销总监从财务总监处申请开拓市场所需要的现金，放置在沙盘所开拓市场对应的位置。当市场开拓完成后，年末持开拓市场的费用到交易处领取“市场准入”的标识，放置在对应市场的位置上。

（2）财务总监根据营销总监的申请，审核后，将市场开拓所需要的现金支付给营销总监。

2）ISO 资格认证投资

有的市场对产品有 ISO 资格认证要求，企业需要进行 ISO 资格认证投资。沙盘企业中，每年的 ISO 资格认证费用在年末一次性支付，计入当期的综合费用。操作要点如下。

（1）营销总监从财务总监处申请 ISO 资格认证所需要的现金，放置在 ISO 资格认证对应的位置；当认证完成后，年末持认证投资的费用到交易处领取“ISO 资格认证”标识，放置在沙盘对应的位置；进行了市场开拓或 ISO 资格认证投资后，在运营流程记录表对应的方格内打“√”。

（2）财务总监根据营销总监的申请，审核后，将 ISO 资格认证所需要的现金支付给营销总监，并在运营流程记录表对应的方格内记录由于市场开拓和 ISO 资格认证导致的现金的减少数。

（3）CEO 在监督各成员完成以上操作后，在运营流程记录表对应的方格内打“√”。

如果不做上面的操作，则在运营流程记录表对应的方格内打“×”。

6. 编制报表

沙盘企业每年的经营结束后，应当编制相关会计报表，及时反映当年的财务和经营情况。在沙盘企业中，主要编制产品核算统计表、综合费用明细表、利润表和资产负债表。

产品核算统计表（表 3-7）是核算企业在经营期间销售各种产品情况的报表，它可以反映企业在某一经营期间的产品销售数量、销售收入、销售成本和毛利情况，是编制利润表的依据之一。

表 3-7　产品核算统计表

	P1	P2	P3	P4	合计
数　量					
销售额					
成　本					
毛　利					

产品核算统计表是企业根据其实际销售情况编制的，其数据来源于订单登记表。在企业取得销售订单后，营销总监应及时登记订单情况。当实现产品销售后，营销总监应及时登记产品的销售额、成本，并计算该产品的毛利。年末，企业经营结束后，营销总监根据订单登记表，分产品汇总各种产品的销售数量、销售额、成本和毛利，并将汇总结果填列在产品核算统计表中。之后，营销总监将产品核算统计表交给财务总监，财务总监根据产品核算统计表中汇总的数据，登记利润表中的“销售收入”“直接成本”和“毛利”栏。

综合费用明细表（表 3-8）综合反映在经营期间发生的各种除产品生产成本、财务费用外的其他费用。根据沙盘上的“综合费用”处的支出进行填写。综合费用明细表的填制方法如下。

表 3-8　综合费用明细表

单位：百万元

项　目	金　额	备　注
管理费		
广告费		
维修费		
租　金		
转产费		
市场准入开拓		□区域　□国内　□亚洲　□国际
ISO 资格认证		□ ISO 9000　□ ISO 14000
产品研发		P2（　）P3（　）P4（　）
其　他		
合　计		

"管理费"项目根据企业当年支付的行政管理费填列。企业每季度支付 1 M 的行政管理费，全年共支付行政管理费 4 M。

"广告费"项目根据企业当年年初广告登记表中填列的广告费填列。

"维修费"项目根据企业实际支付的生产线维修费填列。根据规则，只要生产线建设完工，不论是否生产，都应当支付维修费。

"租金"项目根据企业支付的厂房租金填列。

"转产费"根据企业生产线转产支付的转产费填列。

"市场准入开拓"根据企业本年开发市场支付的开发费填列。为了明确开拓的市场，需要在"备注"栏本年开拓的市场前打"√"。

"ISO 资格认证"项目根据企业本年 ISO 认证开发支付的开发费填列。为了明确认证的种类，需要在"备注"栏本年认证的名称前打"√"。

"产品研发"项目根据本年企业研发产品支付的研发费填列。为了明确产品研发的品种，应在"备注"栏产品的名称前打"√"。

"其他"项目主要根据企业发生的其他支出填列，比如，出售生产线净值大于残值的部分等。

利润表（表 3-9）是反映企业一定期间经营状况的会计报表。利润表把一定期间内的营业收入与同一期间相关的成本费用相配比，从而计算出企业一定时期的利润。通过编制利润表，可以反映企业生产经营的收益情况、成本耗费情况，表明企业生产经营成果。同时，通过利润表提供的不同时期的比较数字，可以分析企业利润的发展趋势和获利能力。利润表的编制方法如表 3-10 所示。

表 3-9　利润表

单位：百万元

项　　目	上年数	本年数
销售收入		
直接成本		
毛利		
综合费用		
折旧前利润		
折旧		
支付利息前利润		
财务费用		
其他收入 / 支出		
税前利润		
所得税		
净利润		

表 3-10　利润表的编制方法

单位：百万元

项　　目	行次	数据来源
销售收入	1	产品核算统计表中的销售额合计
直接成本	2	产品核算统计表中的成本合计
毛利	3	第 1 行数据 − 第 2 行数据
综合费用	4	综合管理费用明细表中的合计
折旧前利润	5	第 3 行数据 − 第 4 行数据
折旧	6	上年设备价值的 1/3 向下取整
支付利息前利润	7	第 5 行数据 − 第 6 行数据
财务费用	8	借款、紧急贷款、贴现等支付的利息计入财务支出
其他收入 / 支出	9	订单违约的罚款
税前利润	10	第 7 行数据 + 财务收入 + 其他收入 − 财务支出 − 其他支出
所得税	11	第 10 行数据 ×25% 取整
净利润	12	第 10 行数据 − 第 11 行数据

利润表中“上年数”栏反映各项目在上年的实际发生数，根据上年利润表的“本年数”填列。利润表中“本年数”栏反映各项目在本年的实际发生数，根据本年实际发生额的合计填列。

“销售收入”项目反映企业销售产品取得的收入总额。本项目应根据产品核算统计表填列。

“直接成本”项目反映企业本年已经销售产品的实际成本。本项目应根据产品核算统计表填列。

“毛利”项目反映企业销售产品实现的毛利。本项目应根据销售收入减去直接成本后的余额填列。

“综合费用”项目反映企业本年发生的综合费用，根据综合费用明细表的合计数填列。

“折旧前利润”项目反映企业在计提折旧前的利润，根据毛利减去综合费用后的余额填列。

“折旧”反映企业当年计提的折旧额，根据当期计提的折旧额填列。

“支付利息前利润”项目反映企业支付利息前实现的利润，根据折旧前利润减去折旧后的余额填列。

“财务费用”项目反映企业本年发生的财务支出，比如借款利息、贴息等。本项目根据沙盘上的“利息”“贴息”填列。

“其他收入 / 支出”项目反映企业其他业务形成的收入或者支出，比如出租厂房取得的收入等。

“税前利润”项目反映企业本年实现的利润总额。本项目根据支付利息前的利润加财务收入减去财务支出，再加上其他收入减去其他支出后的余额填列。

“所得税”项目反映企业本年应交纳的所得税费用，本项目根据税前利润乘以 25% 取整后的数额填列。

“净利润”项目反映企业本年实现的净利润。本项目根据税前利润减去所得税后的余额填列。

资产负债表（表 3-11）是反映企业某一特定日期财务状况的会计报表。它是根据“资产 = 负债 + 所有者权益”的会计等式编制的。从资产负债表的结构可以看出，资产负债表由期初数和期末数两个栏目组成。资产负债表的“期初数”栏目各项目数字应根据上年末资产负债表“期末数”栏目内所列数字填列。资产负债表的“期末数”栏目各项目主要是根据有关项目期末余额资料编制，其数据的来源主要通过以下几种方式取得（表 3-12）。

表 3-11　资产负债表

单位：百万元

资　　产	期初数	期末数	负债和所有者权益	期初数	期末数
流动资产：			负债：		
现金			长期负债		
应收款			短期负债		
在制品			应付账款		
产成品			应交税金		
原材料			1 年内到期的长期负债		
流动资产合计			负债合计		
固定资产：			所有者权益：		
土地和建筑			股东资本		
机器设备			利润留存		
在建工程			年度净利		
固定资产合计			所有者权益合计		
资产总计			负债和所有者权益总计		

表 3-12　资产负债表的数据来源

单位：百万元

资　　产	数据来源	负债和所有者权益	数据来源
流动资产：		负债：	
现金	盘点现金库中的现金	长期负债	盘点长期贷款
应收款	盘点应收账款	短期负债	盘点短期贷款
在制品	盘点生产线上的在制品	应付账款	盘点应付账款
产成品	盘点成品库中的成品	应交税金	根据利润表中的所得税填列
原材料	盘点原料库中的原材料	1 年内到期的长期负债	如果有将于 1 年内到期的长期负债，应单独反映
流动资产合计	以上 5 项合计	负债合计	以上 5 项合计

续表

资　产	数据来源	负债和所有者权益	数据来源
固定资产：		所有者权益：	
土地和建筑	厂房价值之和	股东资本	股东不增资的情况下为 50 M
机器设备	生产线净值	利润留存	上一年利润留存 + 上一年净利
在建工程	在建生产线价值	年度净利	利润表中的净利润
固定资产合计	以上 3 项之和	所有者权益合计	以上 3 项之和
资产总计	流动资产合计＋固定资产合计	负债和所有者权益总计	负债合计＋所有者权益合计

资产类项目主要根据沙盘盘面的资产状况和盘点后的实际金额填列。

负债类项目中的“长期负债”和“短期负债”根据沙盘上的长期贷款和短期贷款数额填列，如果有将于 1 年内到期的长期负债，应单独反映。

“应交税金”项目根据企业本年利润表中的“所得税”项目的金额填列。

所有者权益类中的“股东资本”项目，在本年股东没有增资的情况下，直接根据上年末利润表中的“股东资本”项目填列，如果发生了增资，则为上年末的股东资本加上本年增资的资本。

“利润留存”项目根据上年利润表中的“利润留存”和“年度净利”两个项目的合计数填列。

“年度净利”项目根据利润表中的“净利润”项目填列。

7. 结账

一年经营结束，年终要进行一次“盘点”，编制综合费用明细表、利润表和资产负债表。一经结账后，本年度的经营也就结束了，本年度所有的经营数据不能随意更改。结账后，CEO 在运营流程记录表对应的方格内打“ √ ”。

8. 反思与总结

经营结束后，CEO 应召集团队成员对当年的经营情况进行分析，分析决策的成功与失误，分析经营的得与失，分析实际与计划的偏差及其原因等。记住：用心总结，用笔记录。沙盘模拟是训练思维的过程，同时也应该成为锻炼动手能力的过程。

3.4　起始年运营示范

3.4.1　起始年运营说明

（1）起始年广告费用为 1 M（100 万元）。

（2）起始年订单见图 3-10。

第 0 年	本地市场	P1-1/6
产品数量：	6 P1	
产品单价：	5.3 M/ 个	
总金额：	32 M	
账期：	2 Q	

图 3-10　起始年订单

（3）不进行任何贷款。

（4）不投资新的生产线。

（5）不进行产品研发。

（6）不购买新厂房。

（7）不开拓新市场。

（8）不进行 ISO 认证。

（9）每个季度订购 1 个 R1 原材料。

（10）生产持续进行。

3.4.2　起始年运营

企业起始年运营流程记录表见附录 2。

第 4 章　第一年——感性认识

4.1　战略与战略管理

“战略”一词自古有之。在中国，先是“战”和“略”分别使用，“战”指战斗和战争，“略”指策略、谋略、计划。《孙子兵法》是中国古代关于战略论述的著作。在西方，战略一词源于希腊语“strategos”，含义为军事将领，后来演变成军事术语，指军事将领指挥军队作战的谋略。“战略”一词现已被广泛地应用于政治、经济、管理、外交等领域。

在企业管理范畴，不同的学者从不同的角度赋予战略不同的含义。战略可以是一种行动之前的计划；战略可以是一系列决策和行动所体现出的一种模式；战略可以是战胜竞争对手的一种计谋；战略还可以是一种思维活动，是一种为企业人员所共享的价值体系。战略的本质是企业通过在不断变化的环境中，调整资源配置，使企业取得竞争优势，涉及一个企业长期的发展方向和经营范围。

战略管理是指对一个企业或组织在一定时期的全局的、长远的发展方向、目标、任务和政策，以及资源调配作出的决策和管理艺术。战略管理过程包括战略分析、战略选择和战略实施三个步骤。

4.2　企业战略体系

企业战略是企业根据其外部环境及企业内部资源和能力状况，为求得长期生存和稳定发展，对企业发展目标、达成目标的途径和手段的全局性的、长远性的、指导性的总体谋划。

4.2.1　企业战略体系

对一般企业来说，企业战略可以分为三个层次，即公司战略、业务战略和职能战略。这三个层次战略的地位和内容各不相同。公司战略又称总体战略，是企业最高层次的战略，主要关注两个问题：一是公司经营什么业务；二是公司总部应如何管理多个业务单位来创造企业价值。业务战略又称经营战略，主要关注企业经营的各种业务如何获取竞争优势。职能战略通常是短期的、局部的，称为“策略”可能更准确，主要包括市场营销策略、财务管理策略、人力资源开发与管理策略、研究与开发策略、生产制造策略等。公司战略、业务战略、职能战略之间的关系是公司战略分解为业务战略，业务战略分解为职能战略，公司战略统帅业务战略，业务战略统帅职能战略（图 4-1）。

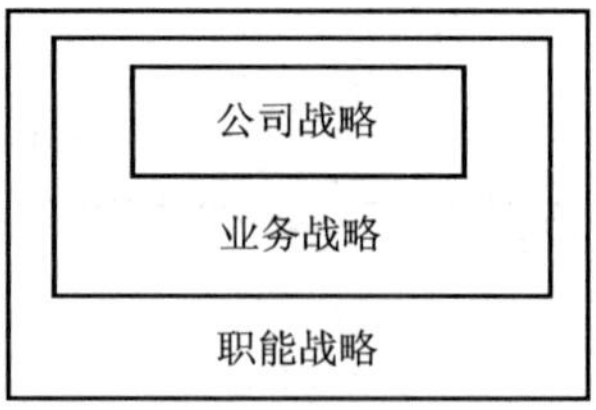

图 4-1　公司战略体系

如果企业仅从事一项产业,公司战略与业务战略就是一样的,也就是说这两种战略的决策权都将集中在企业的高层管理者手中(图 4-2)。

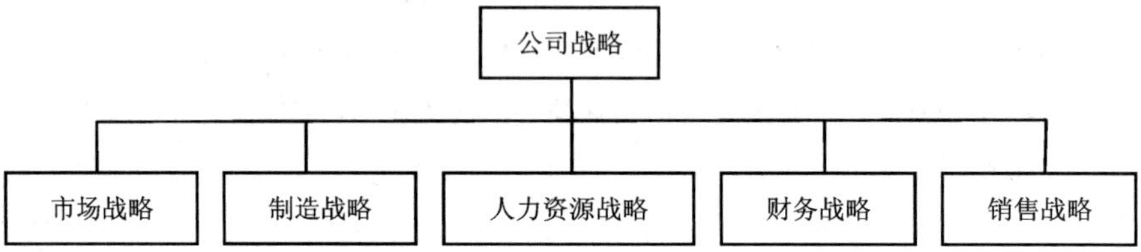

图 4-2　单一业务企业的战略层次

如果企业跨行业经营,而且有许多不同的经营活动,则企业的战略层次就是三个层次的战略组合,即公司战略为最高层,其次为业务单元战略,最后是职能战略(图 4-3)。

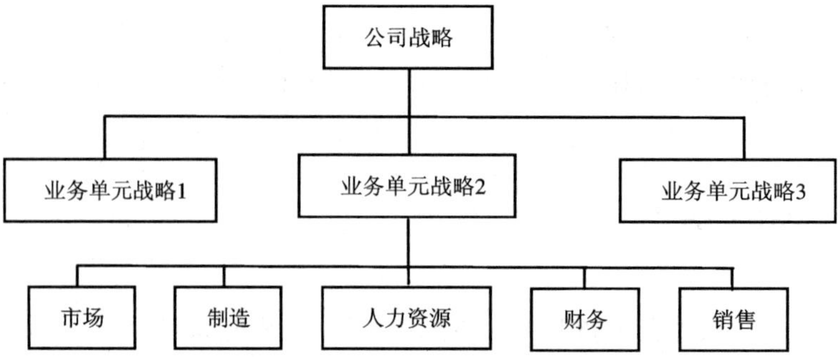

图 4-3　跨行业企业的战略层次

4.2.2　企业战略管理

企业战略管理是企业在宏观层次通过分析、预测、规划、控制等手段,充分利用该企业的人、财、物等资源,以达到优化管理、提高经济效益的目的。企业战略管理是对企业战略进行设计、选择、控制和实施,直至达到企业战略总目标的全过程。

企业战略管理涉及企业发展的全局性、长远性的重大问题,基本步骤如下。

(1)企业外部环境分析。

(2)企业内部环境分析。

(3)明确企业的使命与愿景。

(4)确定企业战略目标。

(5)企业战略方案的评价与选择。

(6)企业职能部门策略。

（7）企业战略的实施与控制。

4.3 企业战略类型

4.3.1 总体战略类型

1. 一体化战略

一体化战略是指企业有目的地将互相联系密切的经营活动纳入企业体系之中，组成一个统一经济实体的控制和支配过程。一体化战略模式包括以下三种。

1）后向一体化

后向一体化是指企业利用自己在产品上的优势，把原来属于外购的原材料或零件，改为自行生产的战略。在生产过程中，物流从反方向移动，即通过获得供应商的所有权或增强对其的控制来求得发展。在供货成本太高或供货方不可靠或不能保证供应时，企业经常采用这种战略。

2）前向一体化

前向一体化是指获得分销商或零售商的所有权或加强对它们的控制，也就是指企业根据市场的需要和生产技术的可能条件，利用自己的优势，把成品进行深加工的战略。在生产过程中，物流从正方向移动。采用这种战略，是为获得原有成品深加工的高附加值。一般是把相关的前向企业合并起来，组成统一的经济联合体，是制造商常用的战略。

3）水平一体化

水平一体化也称水平结合、横向结合、同业结合，是指企业以兼并处于同一生产经营阶段的企业为其长期活动方向，以促使企业实现更高程度的规模经济和迅速发展的一种战略。

2. 多元化战略

多元化战略是指企业通过将开发新产品与开拓新市场相配合来扩大经营范围的战略。多元化战略一般适合规模大、资金雄厚、市场开拓能力差的企业。企业采用多元化战略，可以避免单一经营的风险，有效利用企业的经营资源，通过资源共享和经营匹配，迅速建立起比单一经营企业更强的竞争优势，获得更多的利润，但多元化战略会使企业的运营成本提高。多元化战略模式包括以下三种。

1）横向多元化

横向多元化也称为水平多元化或专业多元化，是以现有的产品市场为中心，向水平方向扩展事业领域。横向多元化包括市场开发型、产品开发型和产品市场开发型三种类型。市场开发型是以现有产品为基础开发新市场；产品开发型是以现有市场为主要对象开发与现有产品同类的产品；产品市场开发型是以新开拓的市场为主要对象，开发新产品。这种战略由于是在原有的市场、产品基础上进行变革的，因而产品内聚力强，开发、生产、销售技术关联度大，管理变化不大，比较适合原有产品信誉高、市场广且发展潜力大的大型企业。

2）多向多元化

多向多元化虽然与现有的产品、市场领域有些关系，但是其通过开发完全异质的产品、市场来使事业领域多元化。多向多元化包括技术关系多元化、市场营销关系多元化和资源多元化。技术关系多元化是指以现有事业领域中的研究技术或生产技术为基础，以异质的市场为对象，开发异质产品，这种类型的多元化一般适用于技术密集度较高的行业中的大型企业。市场营销关系多元化是以现有市场领域的营销活动为基础，打入不同的产品市场，这种类型的多元化适用于技术密度不高、市场营销能力较强的企业。资源多元化是以现有事业所拥有的物质资源为基础，打入异质产品、市场领域，求得资源的充分利用。

3）复合多元化

复合多元化是从与现有的事业领域没有明显关系的产品、市场中寻求成长机会的战略，即企业所开拓的新事业与原有的产品、市场毫无相关之处，所需要的技术、经营方法、销售渠道等必须重新取得。复合多元化包括资金关系多元化、人才关系多元化、信用关系多元化和联合多元化。资金关系多元化是指一般关系的资金往来单位随着融资或增资的发展，上升为协作单位。人才关系多元化是指当发现企业内部具有专利或特殊人才时，利用这种专利或技术向新的事业发展。信用关系多元化是指接受金融机构的委托，重建由于资本亏本濒临破产的企业或其他经营不力的企业。联合多元化是指为了从现在的事业领域中撤退或者为了发展为大型的事业，采用资本联合的方式进行多元化经营。

4.3.2 业务战略类型

业务战略类型包括三种：成本领先战略、差异化战略和集中化战略。

1. 成本领先战略

成本领先战略也称低成本战略，在这种战略的指导下，企业决定成为所在产业中实行低成本生产的厂家。成本优势的来源因产业结构不同而异，它们可以包括追求规模经济、专利技术、原材料的优惠待遇和其他因素。成本领先并不等同于价格最低。如果企业陷入价格最低而成本并不最低的误区，换来的只能是把自己推入无休止的价格战。因为，一旦降价，竞争对手也会随着降价，而且由于竞争对手比自己成本更低，因此其具有更多的降价空间，能够支撑更长时间的价格战。

2. 差异化战略

差异化战略又称差别化战略或标新立异战略，是指企业针对大规模的市场，通过提供与竞争者存在差异的产品或服务以获取优势的战略。差异化战略要求企业就客户广泛重视的一些方面在产业内独树一帜，或在成本差距难以进一步扩大的情况下，生产比竞争对手功能更强、质量更优、服务更好的产品以显示经营差异。实现差异化战略可以有许多方式：设计或品牌形象、技术特点、外观特点、客户服务、经销网络及其他方面的独特性。最理想的情况是公司使自己在几个方面都差异化。差异化战略并不意味着公司可以忽略成本，但此时成本不是公司的首要战略目标。如果差异化战略成功地实施了，它就会成为在一个产业中赢得高水平收益的积极战略。迈克尔•波特认为，推行差异化战略有时会与争取占有更大的市场份额相矛盾。推行差异化战略往往要求公司对于这一战略的排他性有思想准备。这一战略与提高市场份额两者不可兼顾。在建立公司的差异化战略的活动中总是伴随着很高的成本代价，有时即便全产业范围的顾客都了解公司的独特优点，也并不是所有顾客都愿意或有能力支付公司要求的高价格。

3. 集中化战略

集中化战略也称为聚焦战略，是指企业或事业部的经营活动集中于某一特定的购买者集团、产品线的某一部分或某一地域市场上的一种战略。这种战略的核心是瞄准某个特定的用户群体，某种细分的产品线或某个细分市场。集中化战略可以分为产品线集中化战略、顾客集中化战略、地区集中化战略和低占有率集中化战略。

4.4 企业战略规划

4.4.1 战略规划概述

战略规划就是制定组织的长期目标并将其付诸实施，它是一个正式的过程和仪式。战略规划对一个企业的发展至关重要，一些大企业都有意识地对 50 年内的事情作出规划。

制定战略规划分为三个阶段：第一个阶段是确定目标，即企业在未来的发展过程中，要应对各种变化所要达到的目标；第二个阶段是制定规划，当目标确定了以后，考虑使用什么手段、什么措施、什么方法来达到这个目标，这就是战略规划；第三个阶段是将战略规划形成文本，以备评估、审批，如果审批未能通过的话，那可能还需要多个迭代的过程，需要考虑怎么修正。

4.4.2 战略规划的内容

战略规划的内容由以下三个要素组成。

1. 方向和目标

企业管理者在设立方向和目标时有自己的价值观和抱负，但是他不得不考虑到外部的环境和自己的长处，因而最后确定的目标总是这些东西的折中，这往往是主观的。一般来说，最后确定的方向目标绝不是一个人的愿望。

2. 约束和政策

找到环境和机会与自己组织资源之间的平衡。要找到一些最好的活动集合，使它们能最好地发挥组织的长处，并最快地达到组织的目标。这些政策和约束所考虑的机会是现在还未出现的机会，所考虑的资源是正在寻找的资源。

3. 计划与指标

计划的责任在于进行机会和资源的匹配。这里考虑的是现在的情况，或者说是不久的将来的情况。由于是短期，有时可以作出最优的计划，以达到最好的指标。企业管理者以为做到了最好的时间平衡，但这还是主观的，实际情况难以完全相符。

4.4.3 战略规划的有效性

战略规划的有效性包括两个方面：一方面是战略正确与否，正确的战略应当做到组织资源和环境的良好匹配；另一方面是战略是否适合于该组织的管理过程，也就是和组织活动匹配与否。一个有效的战略一般有以下特点。

1. 目标明确

战略规划的目标应当是明确的，不应是二义的，其内容应当使人得到振奋和鼓舞，目标要先进，但经过努力可以达到，其描述的语言应当是坚定和简练的。

2. 可执行性良好

好的战略应当是通俗的、明确的和可执行的，它应当是各级领导的向导，使各级领导能确切地了解它、执行它，并使自己的战略和它保持一致。

3. 组织人事落实

制定战略的人往往也是执行战略的人，一个好的战略计划只有有了好的人员执行，它才能实现。因而，战略计划要求一级级落实，直到个人。高层领导制定的战略一般应以方向和约束的形式告诉下级，下级接受任务，并以同样的方式告诉再下级，这样一级级地细化，做到深入人心，人人皆知，战略计划也就个人化了。个人化的战略计划明确了每一个人的责任，可以充分调动每一个人的积极性。这样一方面激励了大家动脑筋想办法，另一方面增加了组织的生命力和创造力。在一个复杂的组织中，只靠高层领导一个人是难以识别所有机会的。

4. 灵活性好

一个组织的目标可能不随时间而变，但它的活动范围和组织计划的形式无时无刻不在改变。现在所制订的战略计划只是一个暂时的文件，只适用于现在，应当进行周期性的校核和评审。灵活性强使之容易适应变革的需要。

4.5 SWOT 分析法

SWOT 分析法（也称道斯矩阵），即态势分析法，是一种用于检测企业运营与企业环境的工具，是编制企业发展战略的首要步骤。SWOT 分析法是在 20 世纪 80 年代初由美国旧金山大学的管理学教授韦里克提出的，它包括分析企业的优势（Strengths）、劣势（Weaknesses）、机会（Opportunities）和威胁（Threats），是将企业内外部条件各方面内容进行综合和概括，寻找二者最佳可行战略组合的一种分析工具。通过 SWOT 分析，可以帮助企业把资源和行动聚集在自己的强项和有最多机会的地方，并让企业的战略变得明朗。

进行 SWOT 分析，一般要遵循以下步骤。

（1）进行企业外部环境分析，列出对于企业来说外部环境中存在的发展机会（O）和威胁（T）。

（2）进行企业内部环境分析，列出企业目前所具有的优势（S）和劣势（W）。

（3）绘制 SWOT 矩阵。

（4）进行组合分析。

4.5.1 企业环境分析

任何企业的经营活动，都是在市场中进行的，而市场又受国家的政治、经济、技术、社会文化的限定与影响。所以，企业从事生产经营活动，必须从环境的研究与分析开始。

企业环境是指与企业生产经营有关的所有因素的总和，可以分为外部环境和内部环境两大类。企业外部环境是影响企业生存和发展的各种外部因素的总和；企业内部环境又称企业内部条件，是企业内部物质和文化因素的总和。

企业与环境之间存在着密切的联系。一方面，环境是企业赖以生存的基础。企业经营的一切要素都要从外部环境中获取，如人力、材料、能源、资金、技术、信息等，没有这些要素，企业就无法进行生产经营活动。同时，企业的产品也必须通过外部市场进行营销，没有市场，企业的产品就无法得到社会承认，企业也就无法生存和发展。同时，环境能给企业带来机遇，也会造成威胁。问题在于企业如何去认识环境、把握机遇、避开威胁。另一方面，企业是一种具有活力的社会组织，它并不是只能被动地为环境所支配，而是在适应环境的同时也对环境产生影响，推动社会进步和经济繁荣。企业与环境之间的基本关系，是在局部与整体的基本架构之下的相互依存和互动的动态平衡关系。

企业环境又分为宏观环境和微观环境两个层次。宏观环境因素包括政治环境、经济环境、技术环境、社会文化环境。这些因素对企业及其微观环境的影响力较大，一般都是通过微观环境对企业间接产生影响的。微观环境因素包括市场需求、竞争环境、资源环境等，涉及行业性质、竞争者状况、消费者、供应商、中间商及其他社会利益集团等多种因素，这些因素会直接影响企业的生产经营活动。

4.5.2 SWOT 分析

SWOT 分析法将环境中所存在的机会和威胁，与企业本身所具有的优势和劣势相互匹配。SWOT 分析表列出了四种战略供企业决策者参考（表 4-1）。企业战略就是利用环境中的机会发挥企业的自身优势，同时避开环境中所存在的威胁，降低企业自身劣势。

表 4-1 SWOT 分析表

内部优势和劣势 / 外部机会和威胁	内部优势（S） 1.…… 2.…… 3.……	内部劣势（W） 1.…… 2.…… 3.……
外部机会（O） 1.…… 2.…… 3.……	SO 战略：利用内部优势 利用外部机会	WO 战略：利用外部机会 克服内部劣势
外部威胁（T） 1.…… 2.…… 3.……	ST 战略：利用内部优势 回避外部威胁	WT 战略：克服内部劣势 回避外部威胁

1.SO 战略

优势－机会组合：这是一种最理想的组合，任何企业都希望凭借企业的优势和资源来最大限度地利用外部环境所提供的多种发展机会。

2.WO 战略

劣势－机会组合：企业已经鉴定出外部环境所提供的发展机会，但同时企业自身又存在限制利用这些机会的组织劣势。在这种情况下，企业应遵循的战略是通过外在的方式来弥补企业的劣势，以最大限度地利用外部环境中的机会。

3.ST 战略

优势－威胁组合：在这种情况下，企业应巧妙地利用自身的优势来应对外部环境中的威胁，发挥优势，降低威胁。但这并不意味着一个强大的企业必须以其自身的实力来正面回击外部环境的威胁，而是应慎重而有限度地利用企业的优势。

4.WT 战略

劣势－威胁组合：企业应尽量避免处于这样的情况。如果企业处于这样的情况，制定战略时要降低威胁和劣势对企业的影响，可以选择合并或缩减生产规模的战略。

需要指出的是，在任何一种组合内可能会发现多种因素，它们之间形成多种错综复杂的组合，这些组合又是战略选择的基础。

4.6 第一年运营

企业第一年运营流程记录表见附录 2。

第 5 章　第二年——理性经营

5.1　市场营销概述

现代营销学之父、美国学者菲利普•科特勒认为：市场营销是个人和集体通过创造产品和价值，并同别人自由交换产品和价值，来获得其所需所欲之物的一种社会和管理过程，即在满足需求的同时获利，其强调了营销的价值导向。市场营销观念认为，实现企业的利润必须以顾客需要和欲望为导向，以满足顾客需要和欲望为前提。

5.1.1　营销观念的演变

市场营销观念是指企业从事营销活动的指导思路。市场营销观念不是固定不变的，它是在一定的经济基础上产生和形成的，并且是随着社会经济的发展和市场形势的变化而发展变化的。市场营销观念的演变经历了生产观念、产品观念、推销观念、市场营销观念、社会营销观念等一系列转变过程。

5.1.2　市场营销的基本职能

按照现代市场营销环境的要求，现代市场营销职能体系应当是包括商品销售、市场调查与研究、生产与供应、创造市场需求和协调平衡公共关系五大职能。

1. 商品销售

商品销售对于企业和社会来说，具有两种基本功能：一是将企业生产的商品推向消费领域；二是从消费者那里获得货币，以便对商品生产中的劳动消耗予以补偿。

2. 市场调查与研究

为了有效地实现商品销售，企业营销经理需要经常地研究市场需求，弄清楚谁是潜在顾客，他们需要什么样的商品，为什么需要，需要多少，何时何地需要，研究本企业在满足顾客需要方面的合适性，研究可能存在的销售困难和困难来源，并且对应地制定满足每一个顾客需要的市场营销策略。这就是市场调查与研究职能的基本内容。

3. 生产与供应

让生产部门在顾客需要的时间生产顾客需要的产品，保证销售部门及时拿到合适的产品、采用顾客喜闻乐见的方式，向有需要的顾客进行销售。这样技术开发部门、生产部门、财务部门和销售部门就结合起来了，共同为促进商品的销售而运作。这是生产与供应的基本内容。

4. 创造市场需求

企业既要满足已经在市场上出现的现实性顾客需求，让每一个愿意购买企业商品的顾客确实买到商品，也要争取那些有潜在需求的顾客，提供他们所需要的商品和服务，创造某些可以让他们买得起、可放心的条件，解除他们的后顾之忧，让他们建立起购买合算、消费合理的信念，从而将其潜在需求转变成为现实需求，前来购买企业的商品，这就是“创造市场需求”。

5. 协调平衡公共关系

1981 年，葛郎儒（Christian Gronroos）提出了“内部营销”的理论；1985 年，杰克森（Barbara B. Jackson）提出要开展“关系营销”。这些新观点综合起来，认为需要在市场营销职能中增加一个新项目——协调平衡各种公共关系。协调平衡公共关系需要正确处理三个关系，即商品生产经营与企业“社会化”的关系，获取利润与满足顾客需要的关系和满足个别顾客需要与增进社会福利的关系。

5.2 市场营销战略规划

5.2.1 市场营销战略规划的一般步骤

制定企业市场营销战略规划的一般步骤如下。

1. 确定企业的任务和目标

企业的任务和目标是指在一定时期内，企业营销工作的服务对象和预期所要达到的目的。它是企业营销战略的基础和出发点，要制定企业的市场营销战略，必须首先确定企业的任务和目标，只有在任务和目标明确的前提下，一切营销决策和策略才具有明确的方向和现实的意义。

2. 企业经营状况和实力分析

这一步主要是分析企业内部情况。经营状况分析包括产品销售额、产销率、成本、利润水平、市场占有率、产品特点、价格水平、销售前景等的分析。企业实力分析包括企业的财务、原材料供应、工厂设施、技术力量、商誉和管理人员素质的分析。分析的目的是发现和评定企业的优势和劣势，以及经营业绩不佳的问题所在，以便在寻找机会和制定新战略时能够扬长避短。

3. 环境和形势分析

市场环境和形势分析是制定公司市场战略的客观依据。对公司经济环境进行研究分析，主要从以下方面进行。

（1）一般社会环境（包括社会政治形势、经济形势和社会文化等）的研究。

（2）相关科学技术发展情况（主要包括与本企业产品有关或与材料、工艺、设备等有关的学科的科技发展水平、发展方向、发展趋势和速度等）的分析研究。

（3）资源供应方面情况（如有关的人力、财力和物力的供应来源及渠道等）的调查研究。

（4）市场需求方面（包括市场需求的总量、潜在市场容量、市场占有率、消费者购买行为特点、产品生命周期规律等）的研究。

（5）竞争因素的研究。

（6）企业经营媒介环境的分析。通过外部环境的分析，可发现对企业有利的机会或不利的威胁。

4. 选择目标市场

根据以上分析所发现的适合企业条件的新机会，营销主管可以进一步确定或选择目标市场。

5. 设计市场营销组合

目标市场确定之后，营销主管就可以根据目标市场的特点和需求来设计市场营销组合。

5.2.2　波士顿矩阵法

企业的最高管理层规定了企业的任务和目标后，就需要安排业务组合。一般来说，企业都会有几种经营业务或产品，如何对这些业务进行投资组合分析是企业管理者在制定战略时要重点考虑的问题。投资组合分析法中最常用的方法是波士顿矩阵（又称市场增长率－相对市场份额矩阵），是由美国大型商业咨询公司波士顿集团（BCG）在 1960 年提出的一种规划企业产品组合的方法。这种方法把企业生产经营的全部产品或业务的组合作为一个整体进行分析，用来分析企业相关经营业务之间现金流量的平衡问题。

波士顿矩阵（图 5-1）认为决定产品结构的基本因素有两个，即市场引力与企业实力。市场引力包括市场增长率、目标市场容量、竞争对手强弱及利润高低等，其中最主要的是

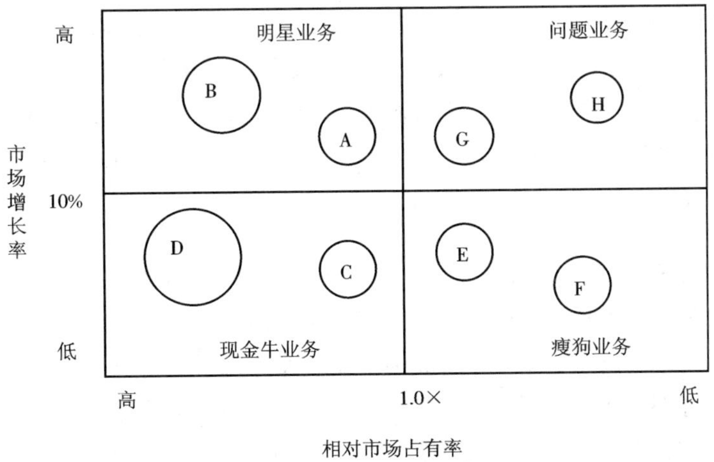

图 5-1　波士顿矩阵

反映市场引力的综合指标——市场增长率，这是决定企业产品结构是否合理的外在因素。企业实力包括市场占有率、技术、设备、资金利用能力等，其中市场占有率是决定企业产品结构的内在要素，它直接显示出企业的竞争实力。

市场增长率和相对市场份额（相对市场占有率）的计算公式为

$$市场增长率=\frac{比较期市场销量(额)-前期市场销售量(额)}{前期市场销售量(额)}\times 100\%$$

$$相对市场份额=\frac{产品的市场占有率}{同行业中最大竞争对手的市场占有率}\times 100\%$$

销售增长率与市场占有率既相互影响，又互为条件：市场引力大，销售增长率高，可以显示产品发展的良好前景，企业也具备相应的适应能力，实力较强；如果仅有市场引力大，而没有相应的高销售增长率，则说明企业尚无足够实力，则该种产品也无法顺利发展。相反，企业实力强，而市场引力小的产品也预示了该产品的市场前景不佳。通过以上两个因素相互作用，会出现四种不同性质的产品类型，形成不同的产品发展前景。波士顿矩阵法将一个公司的业务分成四种类型：问题类、明星类、现金牛类和瘦狗类。

在波士顿矩阵中，横轴表示企业在行业中的相对市场份额，是指企业某项业务的市场份额与这个市场中最大的竞争对手的市场份额的比。相对市场份额以 1.0 为分界线，划分出高低两个区域。某项产品或业务的相对市场份额多，表示其竞争地位强，在市场中处于领先地位；反之，则表示其竞争地位弱，在市场中处于从属地位。纵轴表示市场增长率，是指企业所在的行业某项业务的市场销售额增长的百分比，通常以 10% 作为增长高低的界限（也可以设定为其他临界值，视具体情况而定），平均增长率超过 10% 的为高增长业务，低于 10% 的为低增长业务。图 5-1 中的圆圈代表企业的各个业务单位，圆圈的位置表示该业务单位市场增长率和相对市场份额的现状，圆圈的面积表示该业务单位的销售额大小。

波士顿矩阵对于企业业务单位或产品所处的四个象限具有不同的定义和相应的战略对策。

1. 明星业务

明星业务是指处于高市场增长率、高市场占有率象限内的产品群，这类产品可能成为企业的现金牛业务，需要加大投资以支持其迅速发展。采用的发展战略：积极扩大经济规模和市场机会，以长远利益为目标，提高市场占有率，加强竞争地位。明星业务的管理与组织最好采用事业部形式，由对生产技术和销售两方面都很内行的经营者负责。

2. 现金牛业务

现金牛业务是指处于低市场增长率、高市场占有率象限内的产品群，这类产品已进入成熟期。其财务特点是销售量大、产品利润率高、负债比率低，可以为企业提供资金，而且由于增长率低，也无须增大投资，因而成为企业回收资金、支持其他产品尤其是明星产品投资的后盾。对于这一象限内的大多数产品，市场占有率的下跌已成不可阻挡之势，因此可采用收获战略，即所投入资源以达到短期收益最大化为限。首先，把设备投资和其他投资尽量压缩；其次，采用榨油式方法，争取在短时间内获取更多利润，为其他产品提供资金。对于这一象限内的销售增长率仍有所增长的产品，应进一步进行市场细分，维持现存市场增长率或延缓其下降速度。对于现金牛业务，适合用事业部制进行管理，其经营者最好是市场营销型人物。

3. 问题业务

问题业务是处于高市场增长率、低市场占有率象限内的产品群。高市场增长率说明市场机会大，前景好；低市场占有率则说明在市场营销上存在问题。财务特点是利润率较低，所需资金不足，负债比率高。例如在产品生命周期中处于导入期、因种种原因未能开拓市场局面的新产品即属此类问题的产品。对问题类产品应采取选择性投资战略，即首先确定对该象限中那些经过改进可能会成为“明星”的产品进行重点投资，提高市场占有率，使之转变成明星类产品；对其他将来有希望成为“明星”的产品则在一段时期内采取扶持的对策。因此，对问题类产品的改进与扶持方案一般均列入企业长期计划中。对问题业务的管理组织，最好是采取智囊团或项目组织等形式，选拔有规划能力、敢于冒风险、有才干的人负责。

4. 瘦狗业务

瘦狗业务是处在低市场增长率、低市场占有率象限内的产品群。财务特点是利润率低、处于保本或亏损状态，负债比率高，无法为企业带来收益。对这类产品应采用撤退战略：首先应减少批量，逐渐撤退，对那些销售增长率和市场占有率均极低的产品应立即淘汰；其次是将剩余资源向其他产品转移；最后是整顿产品系列，最好将瘦狗类产品与其他事业部合并，统一管理。

波士顿矩阵分析的目的在于帮助企业确定自己的总体战略。在总体战略的选择上，波士顿矩阵的重要贡献如下。

（1）波士顿矩阵指出了每个经营业务单位在竞争中的市场地位，使企业了解它的作用或任务，从而有选择地和集中地运用企业有限的资金。

（2）波士顿矩阵将企业不同经营领域内的业务综合到一个矩阵中，具有简单明了的效果。在其他战略没有发生变化的前提下，企业可以通过波士顿矩阵判断自己各经营业务单位的机会和威胁、优势和劣势，判断当前的主要战略问题和企业未来的竞争地位。

5.3 市场调查与预测

在现代市场营销观念的指引下，企业要比竞争者更好地满足市场消费需求，赢得竞争优势，实现营销目标，就必须从研究市场出发，运用定性与定量分析，预测目前和未来市场需求规模。科学的市场调查与预测的方法可以帮助企业营销者认识市场的发展规律，作出对新产品投资的决策，并制定营销组合。

5.3.1 市场调查

市场调查就是指运用科学的方法，有目的地、有系统地搜集、记录、整理有关市场营销的信息和资料，分析市场情况，了解市场的现状及其发展趋势，为市场预测和营销决策提供客观的、正确的资料。市场调查包括市场环境调查、市场状况调查、销售可能性调查，还可对消费者及消费需求、企业产品、产品价格、影响销售的社会和自然因素、销售渠道等开展调查。市场调查的方法包括案头调查法、询问调查法、观察调查法和实验调查法。

市场调查的作用体现在以下方面。

（1）有利于为企业的决策和调整策略提供客观依据。

（2）有利于企业发现市场机会，开拓新市场。

（3）有利于准确地进行市场定位，更好地满足顾客的需要，增强竞争力。

（4）有利于企业建立和完善市场营销信息系统，提高企业的经营效果。

（5）是企业宣传品牌的一种方式。

5.3.2 市场预测

市场预测是指与计划的市场营销费用相对应的市场需求，即表示在一定的环境条件和市场营销费用下所估计的市场需求。某产品的市场需求是指某产品在特定地理范围、特定时期、特定市场营销环境、特定市场营销计划的情况下，特定的消费群体可能购买的总量。市场需求受到诸多因素的影响，不是一个固定的数字，而是给定条件下的函数，因此，市场需求也称为市场需求函数。

企业从事市场预测，主要是进行市场需求和企业需求两个方面的测量和预测。市场需求总量受到以下六个因素的影响：产品、顾客、地理区域、时间环境、营销环境和营销费用投入等。市场预测可以采用定性预测和定量预测的方法，定性预测的主要方法有指标法、专家预测法和购买意向调查预测法，定量预测的方法主要有移动平均法和回归分析法等。

5.4 市场细分与目标市场

5.4.1 市场细分

市场细分的概念是美国市场学家温德尔•史密斯（Wendell R.Smith）于 1956 年提出来的。市场细分是指企业根据消费者之间的需求差异，把整体市场按照一定的标准划分为若干个类似消费者群体的过程。每一个需求特点类似的消费者群叫一个细分市场，亦称“子市场”。

现代企业由于受到自身实力的限制，不可能向市场提供能够满足一切需求的产品和服务。为了有效地进行竞争，企业必须进行市场细分，选择最有利可图的目标细分市场，集中企业的资源，制定有效的竞争策略，以取得和增加竞争优势。

市场细分的标准如下。

（1）地理细分，是按地理特征细分市场，包括以下因素：地形、气候、交通、城乡、行政区等。

（2）人口细分，是按人口特征细分市场，包括以下因素：年龄、性别、家庭人口、收入、教育程度、社会阶层、宗教信仰或种族等。

（3）心理细分，是按个性或生活方式等变量进行细分。

（4）行为细分，是对消费者行为的评估，然后进行细分。

（5）社会文化细分，是按社会文化特征细分市场，以民族和宗教为主进行细分。

（6）使用者行为细分，是按个人特征细分市场，包括职业、文化、家庭、个性等。

5.4.2 目标市场

目标市场是指企业营销活动所要满足的市场，是企业决定要进入的那个市场，也就是企业拟投其所好、为之服务的那个顾客群。在市场细分的基础上，企业必须对不同的细分市场进行评估。评估时要考虑各细分市场的规模、发展潜力、成长性、获利能力等，之后要结合企业的目标和资源从中选择一定数目的细分市场作为目标市场。

在选择目标市场的基础上，企业可以对不同目标市场制定相应的营销战略。目标市场营销战略有无差异营销战略、差异性营销战略、集中性营销战略三种。

1. 无差异营销战略

无差异营销战略就是企业把整个市场看作一个大的目标市场，不考虑市场细分，用一种产品、统一的市场营销组合去满足所有用户的需求。无差异营销战略最大的优点是成本的经济性，主要缺点是单一产品要以同样的方式销售并受到所有购买者的欢迎，这几乎是不可能的。一般来说，无差异营销战略适用于市场同质性高并且购买者广泛需要，生产能够大规模进行，并大量销售的产品。

2. 差异性营销战略

差异性营销战略是把整个市场划分为若干个需求与愿望大致相同的细分市场，针对每个细分市场的需求特点，设计、生产和销售不同的产品，制定与之相适应的市场营销组合。差异性营销战略的优点主要是企业通过提供差异性产品，可以更好地满足各类消费者的不同需求，增强购买者对企业的信任感和认同感，扩大销售，同时，由于针对不同的细分市场组织实施不同的营销组合方案，有利于提高企业营销活动的效果。差异性营销战略的主要缺点是营销费用大幅增加，很难预测这种策略的效益。

3. 集中性营销战略

集中性营销战略是指企业以一个或少数几个细分市场为目标市场，集中企业营销力量，实行专门化生产和销售。集中性营销战略的优点是企业集中力量追求在一个或几个细分市场占有较多份额，甚至是取得支配地位，在局部取得成功，再依据条件逐渐扩展市场范围。实行集中性营销战略的缺点是这种战略会有较大风险，一旦市场情况发生变化，企业可能会陷入困境。

三种目标市场战略各有利弊，选择目标市场战略时，必须考虑企业面临的各种因素和条件，如企业规模和原料的供应、产品类似性、市场类似性、产品寿命周期、竞争的目标市场等。

5.4.3 市场定位

市场定位也称为产品定位或竞争性定位，是企业根据竞争者的现有产品在市场上所处的位置，针对消费者或用户对该产品某种特征或属性的重视程度，强有力地塑造出本企业产品与众不同的、给人印象鲜明的个性或形象，并把这种形象生动地传递给顾客，从而使该产品在市场上占据适当的位置。

企业在市场定位过程中，不仅要了解竞争者的产品的市场定位，也要研究目标顾客对该产品的各种属性的重视程度，然后选定本企业产品的特色和独特形象，完成企业产品的市场定位。市场定位的方式包括避强定位、迎头定位、创新定位和重新定位。市场定位的战略包括产品差异化战略、服务差异化战略、人员差异化战略和形象差异化战略。

5.5 市场营销组合策略

市场营销组合是指企业针对目标市场的需要，综合考虑环境、能力、竞争状况，对自己可控制的各种营销因素进行优化组合和综合运用，使之协调配合，扬长避短，发挥优势，以取得更好的经济效益和社会效益。在 20 世纪 50 年代初，根据需求中心论的营销观念，麦卡锡教授把企业开展营销活动的可控因素归纳为四类，即产品、价格、销售渠道和促销，因此，提出了市场营销的 4P 组合。

5.5.1 产品策略

产品策略指企业制定经营战略时，首先要明确企业能提供什么样的产品和服务去满足消费者的需求产品策略是市场营销 4P 组合的核心，是价格策略、分销策略和促销策略的基础，主要包括商标、品牌、包装、产品定位、产品组合、产品生命周期等方面的策略。

1. 产品整体概念

市场营销中关于产品的概念无论是内涵还是外延都很丰富、宽广。产品整体概念是指企业向市场提供的所有能满足顾客需要和欲望的有形产品和无形服务的总和。有形产品主要包括产品的实体及其质量、外观、包装等；无形服务包括可以给买主带来附加利益和心理上的满足感及信任感的一系列售后服务。产品整体概念由三个层次组成：核心产品、形式产品、附加产品。

2. 产品组合策略

产品组合是指一个企业提供给市场的全部产品线和产品项目的组合，即企业的生产经营范围和产品结构。产品组合一般是由若干产品线组成的，每条产品线又是由若干个产品项目构成的。产品组合包括四个变数：产品组合的宽度、产品组合的长度、产品组合的深度和产品组合的相关性。产品组合的策略包括扩大产品组合、缩减产品组合、产品线延伸和产品线现代化。

3. 产品生命周期策略

市场营销学认为，产品是有生命的。任何一种产品在市场上的销售地位和获利能力都处于变化之中，这种变化的规律正像人和其他生物的生命一样。产品生命周期是指某种产品从进入市场到被淘汰退出市场的全部运动过程。在产品生命周期的不同阶段，产品的销售额、利润额等都呈现出不同的特点。根据销售额和利润额的变化，典型的产品生命周期一般可分为四个阶段，即导入期、成长期、成熟期和衰退期（图 5-2）。

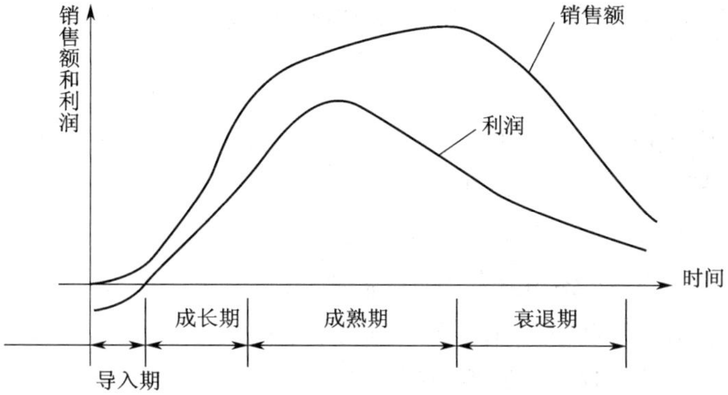

图 5-2　产品生命周期曲线

产品生命周期的不同阶段表现出不同的特点，如表 5-1 所示。

表 5-1　产品生命周期特征

特征项＼阶段	导入期	成长期	成熟期	衰退期
销 售 量	低	剧增	最大	衰退
成　本	高	一般	低	低
利　润	亏损	增长	高	下降
竞 争 者	很少	增多	稳定或下降	下降
顾　客	创新者	早期接受者	大众	落后采用者
营销重点	快	好	改	转

产品在生命周期不同阶段要根据各阶段的特征及营销重点制定营销策略。

1）导入期的市场营销策略

企业投入市场的产品要有针对性，进入市场的时机要合适，设法把销售力量直接投向最有可能的购买者，使市场尽快接受该产品，以缩短导入期，更快地进入成长期。可供选择的策略有快速撇脂策略、缓慢撇脂策略、快速渗透策略和缓慢渗透策略。

2）成长期的市场营销策略

企业为维持市场的继续成长，需要保持或稍微增加促销费用，但由于销量增加，平均促销费用有所下降。企业为维持其市场增长率，延长获取最大利润的时间，可以采取改善产品品质、寻找新的细分市场、改变广告宣传的重点和适时降价等策略。

3）成熟期的市场营销策略

企业应采取主动出击的策略，使成熟期延长，或使产品生命周期出现再循环，可以采取市场调整、产品调整、市场营销组合调整等策略。

4）衰退期的市场营销策略

面对处于衰退期的产品，企业需要进行认真的研究分析，决定采取什么策略，在什么时间退出市场。可供选择的策略包括继续策略、集中策略、收缩策略和放弃策略。

4. 品牌策略

品牌是用以识别卖主的产品的某一名词、术语、标记、符号、设计或它们的组合。它是一个集合概念，包括品牌名称、品牌标志、商标。

品牌策略是一系列能够产生品牌积累的企业管理与市场营销方法，包括4P与品牌识别在内的所有要素。品牌策略的核心在于品牌的维护与传播，如何把品牌做到消费者心坎里去。品牌策略主要包括品牌化决策、品牌使用者决策、品牌名称决策、品牌战略决策、品牌再定位决策、品牌延伸策略、品牌更新。

5. 包装策略

包装策略是企业对其生产的产品采用相同的图案、近似的色彩、相同的包装材料和相同的造型进行包装，便于顾客识别出本企业产品。包装策略主要包括统一包装、分量包装、附赠品包装、等级包装、组合包装、趣味包装等。

6. 新产品开发策略

新产品开发策略是指企业通过改进原有产品或增加新产品而达到扩大销售的目的。新产品开发策略在企业市场营销决策中占有非常重要的地位。新产品开发要以满足市场需求为前提，以企业获利为目标，遵循“根据市场需要，开发适销对路的产品；根据企业的资源、技术等能力确定开发方向；量力而行，选择切实可行的开发方式”的原则进行。采用何种策略则要根据企业自身的实力、市场情况和竞争对手的情况确定。当然，这与企业决策者的个人素质也有很大关系，常用的策略有先发制人策略、模仿式策略、系列式产品开发策略等。

5.5.2 价格策略

价格策略就是根据购买者各自不同的支付能力和效用情况，结合产品进行定价，从而实现最大利润的定价办法。影响定价的主要因素包括企业内部因素（企业营销目标、成本、产品属性）和外部因素（市场需求、市场类型、竞争对手的价格策略）。

定价方法是企业在特定的定价目标指导下，依据对成本、需求及竞争等状况的研究，运用价格决策理论，对产品价格进行计算的具体方法。定价方法主要包括成本导向定价法、竞争导向定价法和顾客导向定价法三种类型。

成本导向定价法是以产品单位成本为基本依据，再加上预期利润来确定价格的方法，是中外企业最常用、最基本的定价方法。成本导向定价法又衍生出了总成本加成定价法、目标收益定价法、边际成本定价法、盈亏平衡定价法等几种具体的定价方法。

竞争导向定价法是企业在竞争十分激烈的市场上，通过研究竞争对手的生产条件、服务状况、价格水平等因素，依据自身的竞争实力、参考成本和供求状况来确定商品价格。竞争导向定价法主要包括随行就市定价法、产品差别定价法、密封投标定价法。

顾客导向定价法是根据市场需求状况和消费者对产品的感觉差异来确定价格的方法。主要包括理解价值定价法、需求差异定价法和逆向定价法。

企业的定价方法很多，企业应根据不同经营战略和价格策略、不同市场环境和经济发展状况等，选择不同的定价方法。成本导向定价法是一种卖方定价导向定价法，它忽视了市场需求、竞争和价格水平的变化。竞争导向定价法是以竞争者的价格为导向的。顾客导向定价法是以市场需求为导向的定价方法，价格随市场需求的变化而变化，不与成本因素发生直接关系，符合现代市场营销观念的要求。

企业最后拟定的价格必须考虑以下因素。

（1）最后价格必须同企业定价政策相符合。企业的定价政策是指明确企业需要的定价形象、对价格折扣的态度以及对竞争者的价格的指导思想。

（2）最后价格还必须考虑是否符合政府有关部门的政策和法令的规定。

（3）最后价格还要考虑消费者的心理。

（4）选定最后价格时，还须考虑企业内部有关人员对定价的意见，考虑经销商、供应商等对所定价格的意见，考虑竞争对手对所定价格的反应。

5.5.3 渠道策略

渠道策略是指企业为了使其产品进入目标市场所进行的路径选择活动和管理过程。它关系到企业在什么地点、什么时间、由什么组织向消费者提供商品和劳务。

企业应选择经济、合理的分销渠道，把商品送到目标市场。分销渠道选择的影响因素包括产品、顾客、中间商、竞争者、企业自身及外部环境等。消费者市场传统分销渠道如图 5-3 所示。

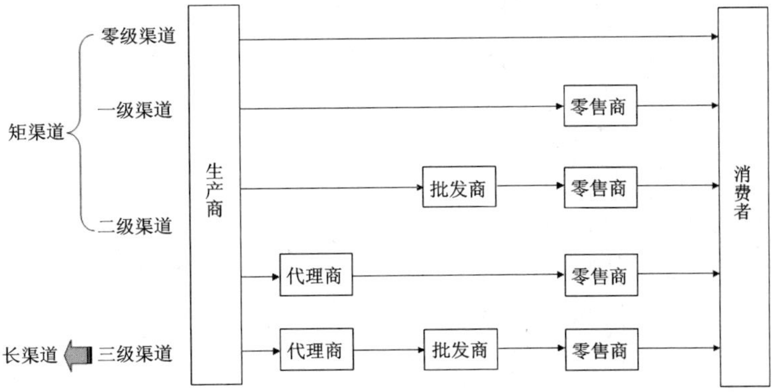

图 5-3　分销渠道

5.5.4 促销策略

促销策略是指企业通过人员推销、广告、公共关系和营销推广等各种促销手段，向消费者传递产品信息，引起他们的注意和兴趣，激发他们的购买欲望和购买行为，以达到扩大销售的目的的活动。

根据促销手段的出发点与作用的不同，促销策略可分为两种：推式策略和拉式策略。推式策略以直接方式，运用人员推销手段，把产品推向销售渠道，其作用过程为：企业的推销员把产品或劳务推荐给批发商，再由批发商推荐给零售商，最后由零售商推荐给最终消费者。拉式策略采取间接方式，通过广告和公共宣传等措施吸引最终消费者，使消费者对企业的产品或劳务产生兴趣，从而引起需求，主动去购买商品。其作用路线为：企业将消费者引向零售商，将零售商引向批发商，将批发商引向生产企业。

企业将合适的产品，在适当地点、以适当的价格出售的信息传递到目标市场，一般是通过两种方式：一种是人员推销，即推销员向顾客面对面地进行推销；另一种是非人员推销，即通过大众传播媒介在同一时间向大量消费者传递信息，主要包括广告、公共关系和营销推广等多种方式。这两种推销方式各有利弊，起着相互补充的作用。此外，目录、通告、赠品、店标、陈列、示范、展销等也都属于促销策略范围。一个好的促销策略，往往能起到多方面的作用，如提供信息情况，及时引导采购，激发购买欲望，扩大产品需求，突出产品特点，建立产品形象，维持市场份额，巩固市场地位，等等。

广告是非常重要的促销工具。广告效益分析是评价广告投入产出效益的指标，其计算公式为

$$广告效益=\frac{订单销售额}{总广告投入}$$

广告效益分析用来比较各企业在广告投入上的差异，这个指标说明本企业与竞争对手在广告投入策略上的差距。销售总监从此处可以深入地分析市场与竞争对手，寻求最优广告投放策略，力求降低广告成本。

5.6 第二年运营

企业第二年运营流程记录表见附录 2。

第 6 章　第三年——科学管理

6.1　生产管理概述

生产管理是有计划、组织、指挥、监督调节的生产活动，以最少的资源损耗，获得最大的成果，是对企业生产系统的设置和运行的各项管理工作的总称，又称生产控制。

生产管理的内容包括：①生产组织工作，即选择厂址，布置工厂，组织生产线，实行劳动定额和劳动组织，设置生产管理系统等；②生产计划工作，即编制生产计划、生产技术准备计划和生产作业计划等；③生产控制工作，即控制生产进度、生产库存、生产质量和生产成本等。

生产管理的目标如下。首先，确保生产系统的有效运作，全面满足产品品种、质量、产量、成本、交易期和环保安全等各项要求。其次，有效利用企业的制造资源，不断降低物耗，降低生产成本，缩短生产周期，压缩占用的生产资金，不断提高企业的经济效益和竞争能力。最后，为适应市场、环境的迅速变化，要努力提高生产系统的柔性，使企业能根据市场需求不断推出新产品，并使生产系统适应多元化生产，能够快速调整生产，进行品种更换。

6.2　产能计算

生产能力是指企业在一定时期内，在合理、正常的技术组织条件下，所能生产的一定种类产品的最大数量。

在 ERP 沙盘模拟经营实训中，营销总监每年年初参加订货会之前，必须从生产部门及生产总监处获取可承诺量数据。可承诺量（ATP，Available-to-Promise）是一个企业的库存或计划生产量中尚未分配到客户订单的部分。基本计算公式为

当年某产品可接受订单量 = 期初库存 + 本年产量 + 委外加工数量

正确计算产能，首先要了解不同类型生产线的生产周期、在制品的不同状态；其次要考虑生产线是可以根据需要进行转产的，因此生产总监提供的可承诺量是具有一定弹性的数据。以 P1 生产为例，假如本年第三季度上线生产 1 个 P1，手工生产线的产出计划如表 6-1 所示，半自动线的产出计划如表 6-2 所示，全自动线的产出计划如表 6-3 所示，柔性线的产出计划如表 6-4 所示。

表 6-1 手工线的产出计划

产品：P1　　　　　　　　　　　　　　　　　　生产线类型：手工生产线

项　目	本　年				下一年			
	第一季度	第二季度	第三季度	第四季度	第一季度	第二季度	第三季度	第四季度
产出计划						1		
投产计划			1 ——	——	—— 1			
原材料需求			1R1					
原材料采购		1R1						

本年第二季度下原材料 R1 订单，第三季度原材料 R1 入库，第三季度 P1 上线生产，手工线的生产周期为 3 个季度，到下一年第二季度才能产出 1 个 P1。

表 6-2 半自动线的产出计划

产品：P1　　　　　　　　　　　　　　　　　　生产线类型：半自动生产线

项　目	本　年				下一年			
	第一季度	第二季度	第三季度	第四季度	第一季度	第二季度	第三季度	第四季度
产出计划					1			
投产计划			1 ——	—— 1				
原材料需求			1R1					
原材料采购		1R1						

本年第二季度下原材料 R1 订单，第三季度原材料 R1 入库，第三季度 P1 上线生产，半自动线的生产周期为 2 个季度，到下一年第一季度才能产出 1 个 P1。

表 6-3 全自动线的产出计划

产品：P1　　　　　　　　　　　　　　　　　　生产线类型：全自动生产线

项目	本　年				下一年			
	第一季度	第二季度	第三季度	第四季度	第一季度	第二季度	第三季度	第四季度
产出计划				1				
投产计划			1					
原材料需求			1R1					
原材料采购		1R1						

本年第二季度下原材料 R1 订单，第三季度原材料 R1 入库，第三季度 P1 上线生产，全自动线的生产周期为 1 个季度，本年第四季度就能产出 1 个 P1。

表 6-4　柔性线的产出计划

产品：P1　　　　　　　　　　　　　　　　　　　　　　　　　生产线类型：柔性生产线

项目	本　年				下一年			
	第一季度	第二季度	第三季度	第四季度	第一季度	第二季度	第三季度	第四季度
产出计划				1				
投产计划			1					
原材料需求			1R1					
原材料采购		1R1						

本年第二季度下原材料 R1 订单，第三季度原材料 R1 入库，第三季度 P1 上线生产，柔性线的生产周期为 1 个季度，本年第四季度就能产出 1 个 P1。

6.3　设备管理

6.3.1　设备管理的基本概念

设备管理是指根据企业的生产经营目标，通过一系列技术、经济和组织措施，对设备生命周期内的所有设备物质运动形态和价值进行的综合管理工作。

设备生命周期是指设备从规划、购置、安装、调试、使用、维护直至改造、更新及报废全过程所经历的全部时间。

设备维护是指为了保持设备正常的技术状态、延长使用寿命，按标准进行的检查与润滑、间隙的及时调整以及隐患的消除等一系列的日常工作。设备维护保养工作，依据工作量大小和难易程度，分为日常保养、一级保养和二级保养，所形成的维护保养制度称为“三级保养制”。许多企业实行三级保养制度。

设备的费用由固定费用和运行费用构成。固定费用包括购置费、安装调试费和人员培训费。运行费用包括直接或间接劳动费、保养费、维修费、消耗品费用等。

设备的经济性评价常用的方法有投资回收期法、费用比较法、效益费用比较法。

6.3.2　生产线投资决策

ERP 沙盘模拟经营实训前期看资金，后期看产能。在扩大产能时会遇到一些选择问题，如哪种生产线更好、用新生产线生产什么产品更合理。不同类型生产线的主要区别在于生产效率和灵活性，生产效率是指单位时间内生产产品的数量，即产能，灵活性是指转产生产新产品时设备调整的难易性，主要看转产费用的高低和转产周期的长短。

在进行生产线投资决策时，面对生产线生产某种产品是否合理的问题，可以从设备的投资回收期去考虑。设备投资回收期的计算公式为

设备投资回收期＝安装时间＋投入／（毛利－维修费－利息）

各种不同类型的生产线生产不同产品的投资回收期计算表如表 6-5 所示。

表 6-5　投资回收期计算表

生产线	产品	投入（M）	安装时间（年）	产出数量（个）/年	预计单价（M）	单位成本（M）	毛利（M）	维修费（M）	利息（M）	回收期（年）
手工	P1	4	—	1	4	2	2	1	0.2	5
半自动	P1	8	0.5	2	4	2	4	1	0.4	3.58
全自动	P1	16	1	4	4	2	8	1	0.8	3.58
柔性	P1	24	1	4	4	2	8	1	1.2	5.14
手工	P2	4	—	1	6	3	3	1	0.2	2.22
半自动	P2	8	0.5	2	6	3	6	1	0.4	2.24
全自动	P2	16	1	4	6	3	12	1	0.8	2.57
柔性	P2	24	1	4	6	3	12	1	1.2	3.45
手工	P3	4	—	1	8	4	4	1	0.2	1.43
半自动	P3	8	0.5	2	8	4	8	1	0.4	1.71
全自动	P3	16	1	4	8	4	16	1	0.8	2.13
柔性	P3	24	1	4	8	4	16	1	1.2	2.73
手工	P4	4	—	1	9	5	4	1	0.2	1.43
半自动	P4	8	0.5	2	9	5	8	1	0.4	1.71
全自动	P4	16	1	4	9	5	16	1	0.8	2.13
柔性	P4	24	1	4	9	5	16	1	1.2	2.73

从表 6-5 的分析中可以得出以下的结论：①投资各种类型的生产线生产 P1，投资回收期均较长；②用柔性线生产所有产品的投资回收期比用半自动线和全自动线生产所有产品的投资回收期均显得稍长一些。

6.4　生产计划

生产计划制订步骤主要包括：根据订单和市场需求预测制订主生产计划；根据物料清单和库存状况制订物料需求计划，并进行能力计划和评估，调整能力负荷；根据物料需求计划制订生产作业计划和采购计划。

6.4.1　产品结构与物料清单

产品结构列出了构成产品或装配件的所有部件、组件、零件等的组成、装配关系、数量和时间要求。物料清单（BOM，Bill of Material）是记录产品结构和所有要使用到的物料的文件。

ERP 沙盘模拟经营实训中的 P 系列产品的产品结构和物料清单，如图 6-1 所示。从图中可以看出 P 系列产品的产品结构和物料清单是非常简化的，实际企业生产中的物料清单要复杂得多。

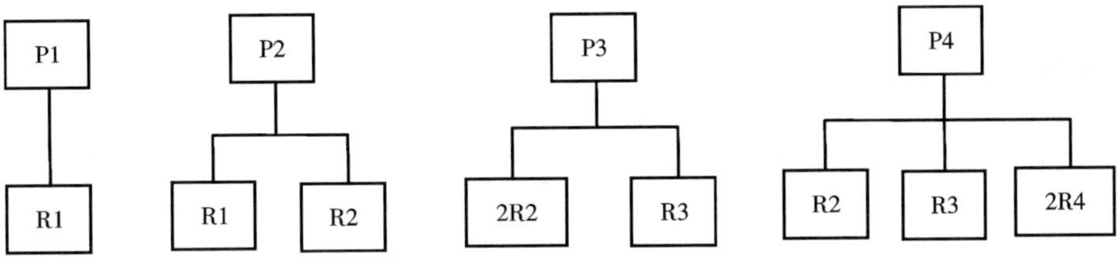

图 6-1　P 系列产品的 BOM 分析

6.4.2　主生产计划

1. 基本概念

主生产计划（MPS，Master Production Schedule），是以生产计划、预测和客户订单为输入，安排将来各周期中提供的产品种类和数量，是销售与运作规划的具体计划。主生产计划在 ERP 系统中是一个重要的计划层次，它确定每一个具体的最终产品在每个具体时间段内的生产数量。主生产计划是把企业战略、企业生产计划等宏观计划转化为生产作业和采购作业等微观作业计划的工具，是企业物料需求计划的直接来源，是粗略平衡企业生产负荷和生产能力的方法，是联系市场销售和生产制造的纽带，是指导企业生产管理部门开展生产管理和调度活动的权威性文件。

独立需求是用户（外部市场）对企业产品的需求，即根据市场的需求直接确定的对本企业产品的需求。

相关需求是生产系统内部物料转换过程中，由于各环节衔接发生的需求，即可以根据独立需求推算得出的需求。在 ERP 沙盘模拟经营实训中，每年年初的订货会上，各企业所拿到的订单上对 P 系列产品的需求即为独立需求，而在企业生产过程中对 R 系列原材料的需求即为相关需求。

2. 主生产计划的编制

目前，制造业比较流行的也是大家追求的一个最高境界就是准时制生产（JIT，Just In Time），又称为及时制生产，其追求的是零库存、无缺陷和低成本。在实际的生产中，为了预防需求或供应方面的不可预测的波动，在仓库中经常保持最低库存数量作为安全库存。

这里以 P3 产品为例，在 JIT 管理体制下，制订其主生产计划。假如 P3 产品在第 3 年的库存是 2 个单位，上一年度第 4 季度已经投入生产的数量为 1，本年度拿到的销售订单需求按季度划分数量分别是 0、2、3、1，并预测到明年第一季度可能要接到一张 3 单位的订单。P3 的加工时间为 1 个季度，根据以上的需求，为了完成客户订单，P3 的主生产计划如表 6-6 所示。

表 6-6　P3 的主生产计划

主生产计划	第 3 年				第 4 年
时间	1 季度	2 季度	3 季度	4 季度	1 季度

续表

主生产计划	第3年				第4年
库存数量	2	3	1	0	0
订单需求量	0	2	3	1	3
完工数量	1	0	2	1	3
安排生产数量	0	2	1	3	

故排产计划（安排上线）为：0、2、1、3。

在每季度保留2个产品的安全库存的情况下，P3的主生产计划如表6-7所示。

表6-7　P3的主生产计划

主生产计划	第3年				第4年
时间	1季度	2季度	3季度	4季度	1季度
季初库存数量	2	3	2	2	2
订单需求量	0	2	3	1	3
完工数量	1	1	3	1	3
安排生产数量	1	3	1	3	
季末库存数量	3	2	2	2	2

故排产计划为：1、3、1、3。

以上仅仅体现了现实企业科学管理的思想，实际的企业管理中因为受到经济生产批量的限制，库存量极难保持在安全库存水平，更不要说零库存的水平。但是，引入时间阶段，划分为需求时区、计划时区和预测时区的思想，对于企业物料管理意义是十分重大的。

6.4.3　物料需求计划

1. 基本概念

物料需求计划（MRP，Material Requirement Planning），是根据主生产计划、物料清单和库存记录，对每种物料进行计算，指出何时将会发生物料短缺，并给出建议，以最小库存量来满足需求并避免物料短缺。物料需求计划是ERP管理的核心内容之一。主生产计划、物料清单、库存信息称为物料需求计划的三个基本要素。

2. 物料需求计划编制

为更好地了解物料需求计划（MRP）的编制过程，仍以P3的原材料需求和采购计划为例。

根据主生产计划中的独立需求（产品）确定出原材料相关需求，如表6-8所示。

表 6-8　P3 的原材料需求

时 间		第 3 年				第 4 年				第…年
		1 季度	2 季度	3 季度	4 季度	1 季度	2 季度	3 季度	4 季度	…
MPS 中 P3 产品上线		0	2	1	3	3	2	4	0	
原材料需求	R2(2)	0	4	2	6	6	4	8	0	
	R3(1)	0	2	1	3	3	2	4	0	

3. 结合各种原材料的库存信息，制订生产采购计划

R2 的采购提前期为 1 季度，现有库存量为 2，采购批量为 2，没有在途和已下达的订单。R2 采购计划如表 6-9 所示。

表 6-9　R2 采购计划

R2 采购计划	第 2 年	第 3 年				第 4 年				第…年
	4 季度	1 季度	2 季度	3 季度	4 季度	1 季度	2 季度	3 季度	4 季度	…
R2 毛需求		0	4	2	6	6	4	8	0	
计划入库量		0	2	2	6	6	4	8	0	
季度初库存量		2	2	0	0	0	0	0	0	
季度末库存量	2	2	0	0	0	0	0	0	0	
计划采购量	0	2	2	6	6	4	8			

R3 的采购提前期为 2 个季度，现有库存为 1，采购批量为 1，有 1 个单位在途。R3 采购计划如表 6-10 所示。

表 6-10　R3 采购计划

R3 采购计划	第 2 年	第 3 年				第 4 年				第…年
	4 季度	1 季度	2 季度	3 季度	4 季度	1 季度	2 季度	3 季度	4 季度	…
R3 毛需求		0	2	1	3	3	2	4	0	
计划入库量		1	0	1	3	3	2	4	0	
季度初库存量		1	2	0	0	0	0	0	0	
季度末库存量	1	2	0	0	0	0	0			
计划采购量	0	1	3	3	2	4				

6.5　采购计划

采购计划是指企业管理人员在了解市场供求情况、认识企业生产经营活动过程中和掌握物料消耗规律的基础上，对计划期内物料采购管理活动所做的预见性的安排和部署。

采购计划是根据生产部门或其他使用部门的计划制订的包括采购物料、采购数量、需求日期等内容的计划。

如果在某年第 3 季度计划上线生产 1 个 P3 产品，主生产计划表如表 6-11 所示，原材料应当任何采购呢？

表 6-11　生产上线计划表

产品	生产上线计划			
	1 季度	2 季度	3 季度	4 季度
P1				
P2				
P3			1	
P4				

根据运营规则，生产 P3 产品需要 2 个 R2 原材料，1 个 R3 原材料。R2 原材料的订购周期需要提前 1 个季度，R3 原材料的订购周期需要提前 2 个季度。因此，原材料的订购计划应按照表 6-12 所示进行采购。

表 6-12　原材料采购计划

产品	各季度原材料下订单计划					
	Q3	Q4	Q1	Q2	Q3	Q4
R1						
R2				2		
R3			1			
R4						

按照这个采购计划，可以保证开始生产时，不会停工待料，实现准时生产管理模式，同时，生产上线后，原材料库存为零，将降低资金不合理占用和现金断流的风险。

6.6　第三年运营

企业第三年运营流程记录表见附录 2。

第 7 章　第四年——全成本核算

7.1　全面预算管理

7.1.1　基本概念

预算是一种系统的方法，用来分配企业的财务、实物及人力等资源，以实现企业既定的战略目标。企业可以通过预算来监控战略目标的实施进度，有助于控制开支，并预测企业的现金流量与利润。

全面预算管理是利用预算对企业内部各部门、各单位的各种财务及非财务资源进行分配、考核、控制，以便有效地组织和协调企业的生产经营活动，完成既定的经营目标。全面预算管理作为对现代企业成熟与发展起过重大推动作用的管理系统，是企业内部管理控制的一种主要方法。这一方法自从 20 世纪 20 年代在美国的通用电气、杜邦、通用汽车公司产生之后，很快就成了大型工商企业的标准作业程序。从最初的计划、协调，发展到兼具控制、激励、评价等诸多功能的一种综合贯彻企业经营战略的管理工具，全面预算管理在企业内部控制中日益发挥核心作用。

全面预算包括经营预算（或日常业务预算）、资本预算和财务预算。经营预算是企业日常经营业务的预算，属于短期预算，包括销售预算（收入预算）、生产预算、期间费用预算。资本预算是企业长期投资和长期筹资业务的预算，属于长期预算，包括长期投资预算、长期筹资预算。财务预算是企业的综合预算，属于短期预算，为了便于与企业财务会计报表相比较，财务预算一般包括现金预算、利润预算、财务状况预算（资产负债表预算）等。全面预算体系如图 7-1 所示。

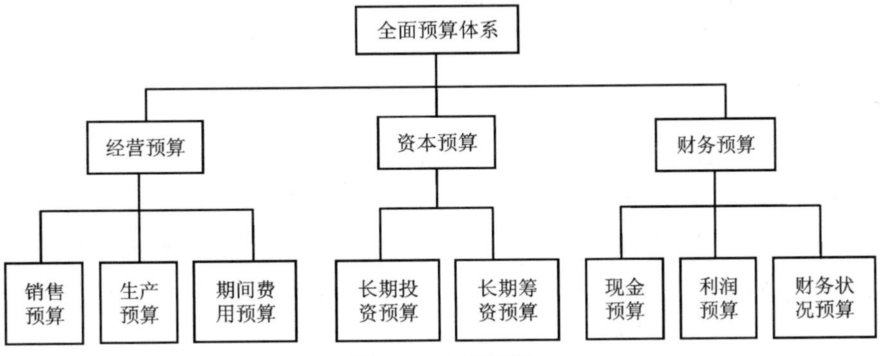

图 7-1　全面预算

7.1.2 预算编制方法

1. 固定预算

固定预算又称为静态预算，是以预算期内正常的、可能实现的某一业务量（如生产量、销售量）水平为固定基础，不考虑可能发生的变动因素而编制预算的方法。它是最传统的，也是最基本的预算编制方法。固定预算的优点是简便易行，缺点是过于机械呆板、可比性差。一般来说，固定预算只适用于业务量水平较为稳定的企业或非营利组织编制预算。

2. 弹性预算

弹性预算又称变动预算、滑动预算，是在变动成本法的基础上，以未来不同业务水平为基础编制预算的方法，是固定预算的对称。它是以预算期间可能发生的多种业务量水平为基础，分别确定与之相应的费用数额而编制的、能适应多种业务量水平的费用预算，以便分别反映在各业务量的情况下所应开支（或取得）的费用（或利润）水平。正是由于这种预算可以随着业务量的变化而反映各业务量水平下的支出控制数，具有一定的伸缩性，因而称为“弹性预算”。

3. 增量预算

增量预算又称调整预算，是指以基期的业务量水平和成本费用消耗水平为编制预算的基础，根据企业预算期的经营目标和实际情况，结合市场竞争态势，通过对基期的指标数值进行增减调整而确定预算期的指标数值方法。它是一种传统的预算方法，一般都是以基期的各种费用项目的实际开支数为基础，然后结合计划期间可能会使该项目费用发生变动的有关因素加以考虑，从而确定在计划期间应增加或减少的数额。如编制费用预算是在原有基础上增加一定的百分率，就叫作增量预算，如编制费用预算是在原有基础上减少一定的百分率，则称为减量预算。

4. 零基预算

零基预算又称零底预算，是以零为基底，不考虑以往情况如何，从根本上研究分析出每项预算有否支出的必要和支出数额的大小而进行预算的方法。

5. 滚动预算

滚动预算又称连续预算或永续预算，是指按照“近细远粗”的原则，根据上一期的预算完成情况，调整和具体编制下一期预算，并将编制预算的时期逐期连续滚动向前推移，使预算总是保持一定的时间幅度。简单地说，就是根据上一期的预算指标完成情况，调整和具体编制下一期预算，并将预算期连续滚动向前推移的一种预算编制方法。

7.2 财务管理

7.2.1 基本概念

企业财务是企业生产经营过程中的资金运动及其所体现的财务关系。

财务管理是在一定的公司整体战略目标下，关于资产的购置（投资）、资本的融通（筹资）、经营中现金流量（营运资金）以及利润分配的管理。财务管理是企业组织财务活动、处理财务关系的一项综合性的管理工作，是企业管理的一个重要组成部分，其本质是通过组织企业财务活动实现企业价值管理和价值创造。财务管理包括两个层面，一是财务活动，二是财务关系，财务活动的背后体现不同的财务关系。

7.2.2 财务管理的内容

财务管理的对象是企业生产经营过程中资金的循环和周转，财务管理的内容是财务管理对象的具体化，包括筹资管理、投资管理、运营资金管理、利润分配管理。

财务关系分为内部财务关系和外部财务关系两大部分，其中内部财务关系指企业内部各单位，企业与职工之间的财务关系；外部财务关系是指筹资活动、经营活动和投资活动带来的企业外部关系。如图 7-2 所示。

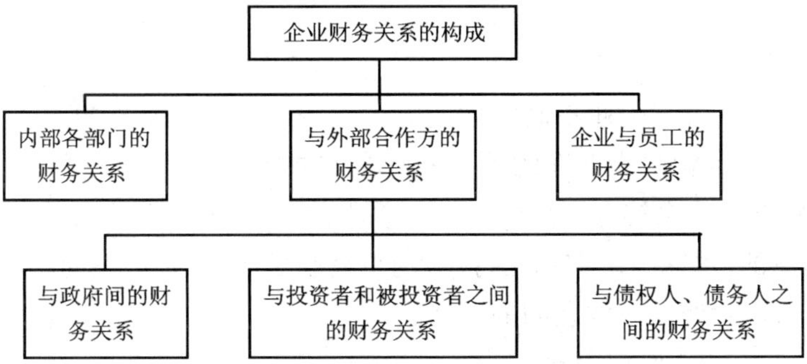

图 7-2　企业财务活动的构成

企业财务管理的三大关键：首先是要筹集、使用和分配资金，其次是监督企业生产经营活动中资金的流向，最后是调控风险与报酬的比率。企业在财务管理实施上，需要依据内容掌握三大关键点，即财务预算、资金管理和成本控制。

7.2.3 财务管理的目标

财务管理的目标是财务管理实践中财务决策的出发点和归宿点，具体包括以下方面。

（1）利润最大化。利润最大化是指企业通过对财务活动和经营活动的管理，不断增加企业利润。

（2）股东财富最大化。股东财富最大化是指通过财务上的合理运营为股东带来更多的财富。

（3）企业价值最大化。企业价值最大化是指通过企业财务上的合理经营，采用最优的财务政策，充分考虑资金的时间价值和风险与报酬的关系，在保证企业长期稳定发展的基础上，使企业总价值达到最大。其基本思想是将企业长期稳定发展摆在首位、强调在企业价值增长中满足各方利益关系。

（4）利益相关者利益最大化。利益相关者利益最大化就是要求企业在追求企业价值最大化的同时，实现预期利益相关者（股东、债权人、员工、社区、政府等）的协调发展，形成企业的社会责任和经济效益间的良性循环。

7.3 财务分析

7.3.1 财务分析概述

财务分析是以会计核算和报表资料及其他相关资料为依据，采用一系列专门的分析技术和方法，对企业等经济组织过去和现在有关筹资活动、投资活动、经营活动、分配活动的赢利能力、营运能力、偿债能力和发展能力状况等进行分析与评价的经济管理活动。管理者对企业进行财务分析，目的就是通过分析资产负债表和利润表等财务报表对其财务状况、经营成果和现金流量进行监控，使决策者从财务分析中获得对其经济决策有用的信息。

7.3.2 财务分析的方法

1. 比较分析法

比较分析法是将同一企业不同时期的财务状况或不同企业之间的财务状况进行比较，从而揭示企业财务状况中存在的差异的分析方法。比较分析法可分为纵向比较分析法和横向比较分析法。比较分析法的比较可以是静态的，也可以是动态的。如实际与计划相比，这是静态的，本期与上期相比、报告期与基期相比，都是动态的。还可以跨企业进行比较，如两个不同行业的企业之间的比较。

2. 趋势分析法

趋势分析法是通过对比两期或连续数期财务报告中的相同指标，确定指标的增减变动方向、数额和幅度，以此来说明企业财务状况和经营成果的变动趋势的一种方法。趋势分析法可以分析引起变化的主要原因、变动的性质，并预测企业的未来发展前景。趋势分析法用到的数据可以是绝对值，也可以是比率或百分比数据。

趋势分析法的具体运用主要有以下三种形式。

（1）重要财务指标的比较。该方法将不同时期的相同指标或比率进行比较，直接观察其在这段时间里的增减变动情况及变动幅度，以此来推断其发展趋势，预测其发展前景。在统计学上，这种方式叫动态分析。

（2）会计报表的比较。将连续数期的会计报表金额并列起来，查看所有指标的增减变动金额和幅度的方法就是会计报表比较法。运用该方法进行比较分析时，要分两步进行：首先要计算有关指标增减变动的绝对值，然后再计算其增减变动的相对值。

（3）会计报表项目构成比较。会计报表项目构成比较是在会计报表比较的基础上发展而来的。它先设定会计报表中的某个总体指标为100%，然后把各个组成部分所占的百分比计算出来，来比较各个项目百分比的增减变动，这样就可以看出财务活动的总趋势。这种方法较前两种方法能更准确地分析企业财务活动的发展趋势。

3. 比率分析法

比率分析法是将企业同一时期的财务报表中的相关项目进行对比，得出系列财务比率，以揭示企业财务状况的分析方法。比率是相对数，比率分析法的一个很大用处就是能够把某些条件下的不可比或者由于数据庞大不容易分析的指标拿来分析。

常用的财务分析比率通常有以下三类。

1）偿债能力指标（分为短期和长期两类）

A. 短期偿债能力

短期偿债能力是指企业偿还短期债务的能力，短期偿债能力直接影响着企业的秩序和竞争力。一般来说，企业应该以流动资产偿还流动负债，这样才能达到流动平衡。而不应依靠变卖长期资产来偿还，所以分析企业短期偿债能力可以通过以下比率来进行。

$$流动比率=\frac{流动资产}{流动负债}\times 100\%$$

流动比率是衡量企业短期偿债能力的一个重要财务指标，这个比率越高，说明企业偿还流动负债的能力越强，流动负债得到偿还的保障越大。流动比率在2.0比较合适，这是因为流动资产中变现能力最差的存货金额约占流动资产总额的一半，剩下的流动性较大的流动资产至少要等于流动负债，企业的短期偿债能力才会有保证。

$$速动比率=\frac{速动资产}{流动负债}\times 100\%=\frac{流动资产-存货}{流动负债}\times 100\%$$

速动比率能够较准确地反映企业的偿债能力。通常认为正常的速动比率为1，低于1的速动比率被认为是短期偿债能力偏低。行业不同，速动比率会有很大差别，没有统一标准的速动比率。用流动资产扣除存货来计算速动比率只是一种粗略的计算。

$$现金比率=\frac{现金+现金等价物}{流动负债}\times 100\%$$

现金等价物是指企业持有的期限短、流动性强、易于转换为已知金额现金、价值变动风险很小的投资。一般是指从购买之日起，3个月到期的债券投资。现金比率可以反映企业的直接支付能力。

B. 长期偿债能力

长期偿债能力是指企业偿还长期债务（包括本金和利息）的能力。一般而言，企业的长期负债主要用于企业长期发展，如果用于投资，那么投资产生的效益至少要能偿还利息，最好连本金都能偿还。通常用资产负债率和利息保障倍数两项指标来衡量企业的长期负债能力。

$$资产负债率=\frac{负债总额}{资产总额}\times 100\%$$

资产负债率没有一个确定的标准，不同行业、不同类型的企业存在很大的差异。

$$利息保障倍数=\frac{息税前利润+利息费用}{利息费用}\times 100\%$$

一般来说，利息保障倍数至少应该大于1，否则企业就难以偿付债务利息，长此以往，甚至会导致企业破产倒闭。

2）营运能力指标

营运能力指标是以企业资产的周转速度来确定运营效率的指标。周转速度越快，表明企业的各项资产通过各条线路的流通速度越快，那么其形成收入和利润的周期就越短，一定时期内收益越高。一般来说，反映企业营运能力的比率主要有以下五个。

$$应收账款周转率=\frac{赊销收入净额}{应收账款平均余额}$$

$$存货周转率=\frac{销售成本}{存货平均余额}$$

$$流动资产周转率=\frac{销售收入}{流动资产平均余额}$$

$$固定资产周转率=\frac{销售收入}{固定资产平均净值}$$

$$总资产周转率=\frac{销售收入}{总资产平均余额}$$

3）赢利能力指标

赢利能力指标是企业自身和企业相关的各方共同关注的焦点，同时也是企业成败的关键，只有长期赢利的企业，才能吸引资金和人才资源。反映企业赢利能力的比率有很多，常见的有以下几种。

$$净资产收益率=\frac{净资产/股东权益/所有者权益}{股东权益或所有者权益平均余额}\times 100\%$$

净资产收益率又称股东权益报酬率、净值报酬率、权益报酬率、权益利润率、净资产利润率，是衡量上市公司赢利能力的重要指标。净资产收益率是利润额与平均股东权益的比值，该指标越高，说明投资带来的收益越高；净资产收益率越低，说明企业所有者权益的获利能力越弱。该指标体现了自有资本获得净收益的能力。

$$息税前利润率=\frac{息税前利润}{营业收入}\times 100\%=\frac{净利润+所得税+利息费用}{销售收入}\times 100\%$$

$$销售毛利率=\frac{销售毛利}{营业收入}\times 100\%=\frac{营业收入-营业成本}{营业收入}\times 100\%$$

销售毛利率反映了企业的销售成本与销售收入净额的比例关系，毛利率越大，说明在销售收入净额中销售成本所占比重越小，企业通过销售获取利润的能力越强。

$$销售净利润=\frac{净利润}{营业收入}\times 100\%$$

销售净利润说明了企业净利润占销售收入的比例，它可以评价企业通过销售赚取利润的能力。该比率越高，企业通过扩大销售获得收益的能力越强。

$$总资产报酬率=\frac{净利润}{资产平均总额}\times 100\%$$

4. 因素分析法

因素分析法又被称为连环替代法或因素替换法。它是用来确定企业财务的各个因素对分析对象影响程度的一种分析方法。当有不止一个因素对分析对象发生影响时，先假定其他因素保持不变，只分析其中某一个因素变动即可，这样可以确定需分析的这个因素单独发生变化所产生的影响。分析时注意：第一，因素分解的关联性，即因素之间存在客观的因果关系；第二，因素替代的关联性和连环性，即因素替代具有顺序性，不能随意调整替代顺序，并且分析下一个因素的影响时，上一个已经分析的影响因素需要用实际值替代，否则分析结果会不同。也就是说因素分析法有很强的限制性。

7.3.3 财务分析的步骤

企业经营者进行财务分析的步骤如下。

（1）获取日常核算资料和财务报告。日常核算资料作为财务分析的补充资料，财务报告是财务分析的基础，财务报告包括资产负债表、利润表、所有者权益变动表、财务报表附注以及其他反映企业重要事项的文字说明。

（2）根据财务报表中的各项数据，依次计算各种比率，来查看公司的现状和潜力。

（3）将所得出的计算结果和同行业的数据以及历史成绩相比较，查看自己公司状况的好坏。

（4）根据比较结果，找寻公司状况变动的原因。然后针对不同的分析原因，有针对性地制定改进政策。

（5）得出最终的结论，并记录总结，以备未来某一段时间的查询。

7.3.4 杜邦分析法

财务管理是企业经营管理的核心之一，而如何实现股东财务最大化或公司价值最大化是财务管理的中心目标。杜邦财务分析体系就是一套比较实用的财务比率分析体系，这种分析方法最早由美国杜邦公司使用，故名杜邦分析法。杜邦分析图如图 7-3 所示。

杜邦分析法以净资产收益率为核心的财务指标，通过财务指标的内在联系，系统、综合地分析企业的赢利水平，具有很鲜明的层次结构，是典型的利用财务指标之间的关系对企业财务进行综合分析的方法。杜邦分析法从财务角度评价企业绩效，评价公司赢利能力和股东权益回报水平，其基本思想是将企业净资产收益率逐级分解为多项财务比率乘积，这样有助于深入分析比较企业的经营业绩。

杜邦模型最显著的特点是将若干个用以评价企业经营效率和财务状况的比率按其内在联系有机地结合起来，形成一个完整的指标体系，并最终通过权益收益率来综合反映。采用这一方法，可使财务比率分析的层次更清晰、条理更突出，为报表分析者全面仔细地了解企业的经营和赢利状况提供方便。

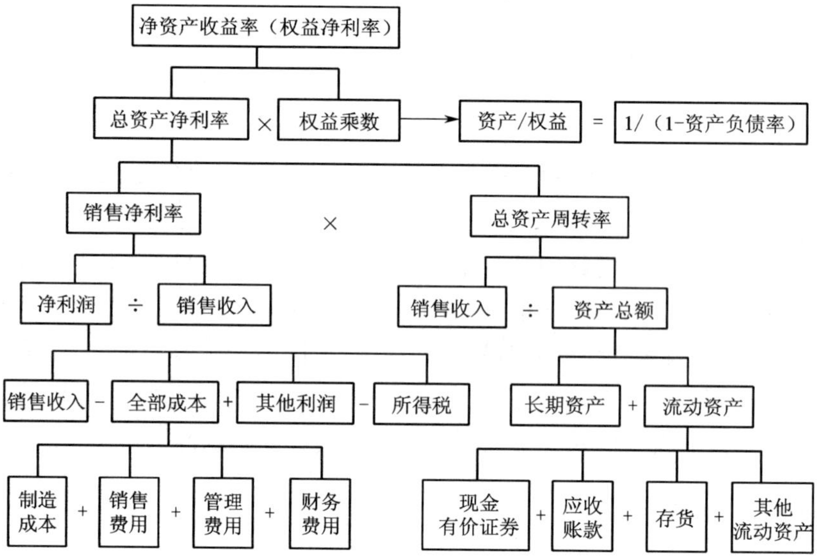

图 7-3　杜邦分析图

杜邦分析法有助于企业管理层更加清晰地看到权益资本收益率的决定因素，以及销售净利润率与总资产周转率、债务比率之间的相互关联关系，给管理层提供了一张明晰的考察公司资产管理效率和是否最大化股东投资回报的路线图。

7.4　第四年运营

企业第四年运营流程记录表见附录 2。

第 8 章　第五年——人力资源管理

8.1　人力资源管理概述

8.1.1　人力资源管理的定义

人力资源是指特定社会组织所拥有的能推动其持续发展、达成其组织目标的成员能力的总和。人力资源是经济活动中最活跃的因素，也是一切资源中最重要的资源，人力资源对经济增长和企业竞争力都具有重要作用。

人力资源管理从微观管理层面理解，是指根据企业发展战略的要求，有计划地对人力资源进行合理配置，通过对企业中员工的招聘、培训、使用、考核、激励、调整等一系列过程，调动员工的积极性，发挥员工的潜能，为企业创造价值，确保企业战略目标的实现。即企业运用现代管理方法，对人力资源的获取、开发、保持和利用等方面进行计划、组织、指挥、控制和协调等一系列活动，最终达到实现企业发展目标的一种管理行为。

8.1.2　人力资源管理的职能工作

人力资源管理是组织的基本管理职能之一，其基本任务是吸引、保留、激励与开发组织所需要的人力资源，使组织在市场竞争中得以生存和发展，实现组织目标。人力资源管理的职能工作主要分为以下五个部分。

（1）人力资源规划、招聘和选拔。

（2）人力资源开发。

（3）薪酬和福利。

（4）安全和健康。

（5）劳动关系。

8.1.3　人力资源管理活动的主体

人力资源管理活动不仅仅是人力资源管理部门自己的事情。随着社会分工的进步，许多专业性强的人力资源管理服务机构出现了。人力资源管理活动主体包括三个方面：人力资源管理部门、直线经理、人力资源管理与开发专门机构。

8.2 组织结构与组织设计

8.2.1 直线职能式组织结构

直线职能式组织结构（图 8-1）被称为“U 型组织”或“简单结构”或“单一职能型结构”，是现代工业中最常见的一种结构形式，在大中型组织中尤为普遍。这种组织结构的特点是以直线为基础，在各级行政主管之下设置相应的职能部门（如计划、销售、供应、财务等部门）从事专业管理，作为该级行政主管的参谋，实行主管统一指挥与职能部门参谋、指导相结合。在直线职能型结构下，下级机构既受上级部门的管理，又受同级职能管理部门的业务指导和监督。各级行政领导人逐级负责，高度集权。因而，这是一种按经营管理职能划分部门，并由最高经营者直接指挥各职能部门的体制。直线职能型组织结构所存在的问题是经常产生权力纠纷，从而导致直线人员和职能参谋人员的摩擦。为了避免这两类人员的摩擦，管理层应明确他们各自的作用，鼓励直线人员合理运用职能参谋人员所提供的服务。

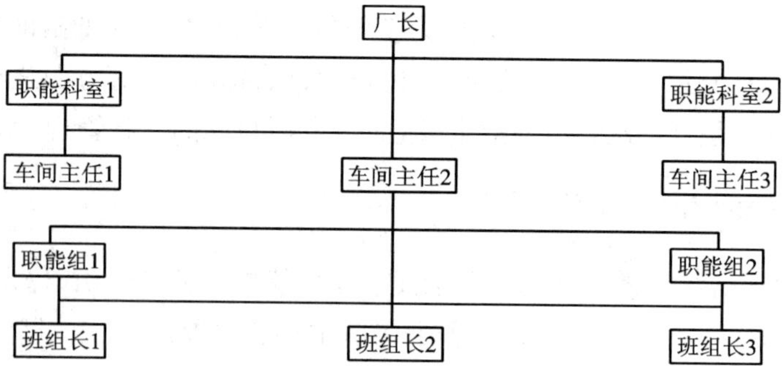

图 8-1　直线职能式组织结构

8.2.2 事业部制式组织结构

事业部制式组织结构（图 8-2）也称“M 型结构”或“多部门结构”，有时也称为“产品部式结构”或“战略经营单位”，是大企业常采用的一种组织结构。它的特征是按企业生产的产品或各个不同的生产地建立经营事业部，这些经营事业部均是独立的利润中心，在总公司的领导下实行独立的经济核算，自负盈亏。

事业部制的优点：总公司领导可以摆脱日常事务，集中精力考虑全局问题；事业部实行独立核算，更能发挥经营管理的积极性，更利于组织专业化生产和实现企业的内部协作；各事业部之间有比较，有竞争，这种比较和竞争有利于企业的发展；事业部内部的供、产、销之间容易协调，不像在直线职能制下需要高层管理部门过问；事业部经理要从事业部整体来考虑问题，这有利于培养和训练管理人才。事业部制的缺点：公司与事业部的职能机构重叠，构成管理人员浪费；事业部实行独立核算，各事业部只考虑自身的利益，影响事业部之间的协作。

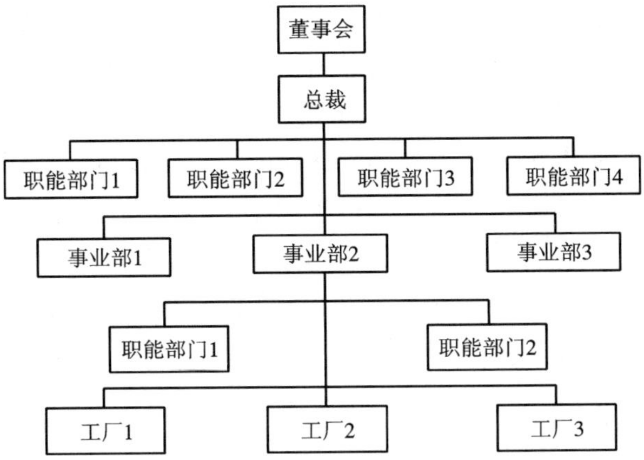

图 8-2　事业部制式组织结构

8.2.3　矩阵式组织结构

矩阵式组织结构(图 8-3)是在直线职能式垂直形态组织系统的基础上,再增加一种横向的领导系统,它由职能部门系列和完成某一临时任务而组建的项目小组系列组成,从而同时实现了事业部制式与职能式组织结构特征的组织结构形式。矩阵式组织结构也称为非长期固定性组织结构,该结构具有双道命令系统,两道系统的权力平衡是这一组织结构的关键。矩阵式组织结构的优点:同时具备事业部制式与职能式组织结构的优点;加强了横向联系,专业设备和人员得到了充分利用,实现了人力资源的弹性共享;具有较大的机动性,促进各种专业人员互相帮助,互相激发,相得益彰。矩阵式组织结构的缺点:成员位置不固定,有临时观念,有时责任心不够强;人员受双重领导,有时不易分清责任,需要花费很多时间用于协调,从而降低人员的积极性。

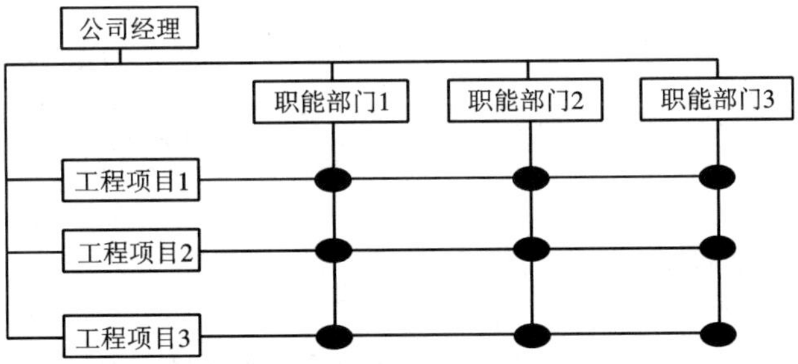

图 8-3　矩阵式组织结构

8.3　员工招聘与甄选

8.3.1　员工招聘概述

员工招聘是指组织、企业根据人力资源管理规划和工作分析的要求,采取一些科学的方法寻找、吸引应聘者并从组织内部和外部吸收人力资源的过程。员工招聘是企业人力资源管理中一个非常重要的环节，对企业的生存和发展具有重要的影响。

员工招聘是一个复杂、完整、连续的程序化操作过程，大致可分为制订招聘计划、发布招聘信息、应聘者资格审查、测评与甄选、录用决策、招聘评估六个阶段。其中，制订招聘计划包括招聘需求的确定、招聘计划的编制和审批。发布招聘信息包括选择信息发布渠道、开展宣传活动等。应聘者资格审查包括求职申请表的设计、申请资格的确定和资格审查。测评与甄选主要包括面试、笔试和其他测评活动，对测评合格的人员进行体检和背景调查，最终确定候选人的过程。录用决策包括发出录取通知、签订劳动合同、试用期管理等。招聘评估包括对招聘结果的评估和招聘方法的评估。

8.3.2 员工招聘的渠道

员工招聘渠道有内部招聘和外部招聘。内部招聘是指在企业内部获得企业所需要的各种人才。内部招聘最重要的方式是竞聘上岗。外部招聘是从企业外部巨大的劳动力市场获得企业所需要的各种人才。外部招聘的渠道众多，包括广告招聘、人员推荐、校园招聘应届毕业生、职业机构介绍、招聘会和网络招聘等。内部招聘和外部招聘各有优劣（表 8-1）。

表 8-1 内部招聘和外部招聘的优劣

渠道 优劣	内部招聘	外部招聘
优势	1. 员工熟悉企业 2. 企业了解员工 3. 招聘和训练成本低 4. 提高职工士气和工作意愿 5. 保持企业内部的稳定性	1. 引入新观念和方法 2. 引入新知识和技术 3. 员工可以在新企业从头开始
劣势	1. 员工来源狭小 2. 员工因晋升产生矛盾 3. 容易形成企业内部人员的板块结构	1. 人才获取成本高 2. 新员工需要适应新企业 3. 降低企业现有员工的士气 4. 新老员工相互适应期延长

8.3.3 人员测评与甄选方法

企业在招聘员工时所采用的甄选方法主要有面试法和测评法。

面试是通过供需双方正式交谈，以使组织能够客观了解应聘者的业务知识水平、外貌风度、工作经验、求职动机等信息，同时应聘者也能够借此对组织的情况有更全面的了解。面试是员工招聘中非常重要的一步。

测评法也叫作测试法。现代测评方法源于美国人才测评中心的技术，主要分为心理测评和能力测评。通过测评可以消除面试过程中主考人员的主观因素对面试的干扰，实现公平招聘，提高录用决策的正确性。个性心理测评主要是对被测评人的个性特征及综合素质进行确定。心理测评主要是确定被测评人是否符合应聘者职务的要求，心理素质和潜质的测评主要包括价值测评、智商和情商测评、需要测评、自信度测评、态度测评等。能力测评主要是对应聘人员职业能力、知识技能和工作情景模拟的测评。

8.4 员工培训与发展

8.4.1 员工培训与发展概述

员工培训是通过教学或实验的方法，使员工在知识、技术和工作态度方面有所改进，达到企业的工作要求，培训强调即时成效。发展是增进员工的知识和能力，以满足企业目前和将来的工作需求，发展强调企业长期的需要。

企业员工培训与发展的作用，表现在以下三个方面。

（1）提高工作绩效。

（2）提高满足感和安全感。

（3）建立优秀的企业文化和形象。

8.4.2 员工培训的学习方式

一般来说，存在两种性质不同的学习：一是代理性学习，二是亲验性学习。代理性学习是学习者获得别人传递给他们的第二手乃至若干手的间接性经验、阅历和结论，这种学习传授知识的效率较高。亲验性学习是学习者通过自己亲身的、直接的经验来学习，所学到的是直接的第一手的经历与技能，这种学习有利于能力的培养。亲验性学习方式主要包括案例讨论、现场操作、模拟练习、管理游戏、竞赛、角色扮演、心理测试等。在企业培训中，这两类学习是相辅相成的。

8.4.3 企业员工培训系统模型

1. 人力资源培训系统模型

员工培训对企业来说非常重要，时间、费用、精力等构成的培训的成本并不低，因此，企业必须精心设计与组织。企业应将员工培训视作一项系统工程，采用系统的方法，使培训活动符合企业的目标。人力资源培训系统模型就显示了这样的一个系统，它代表了由需要确定、目标设置、方案拟订、活动进行、转移效果、总结评价六个环节构成的一个循环过程（图 8-4）。

2. 基于胜任力的员工培训

胜任力也称胜任特征、胜任素质等，是个体所具备的、能够以之在某个领域或某些具体职位上取得优秀业绩表现的内在的稳定特征或特点。

美国心理学家麦克利兰指出：决定一个人在工作上能否取得好的成就，除了拥有工作所必需的知识、技能外，更取决于其深藏在大脑中的人格特质、动机及价值观等。美国心理学家斯班瑟也提出：素质在个体特质中扮演深层且持久的角色，而且能预测一个人在复杂的工作情境及担任重任时的行为表现。此后合益集团提出了与职位相对应的胜任素质模型，即冰山模型（图 8-5）。

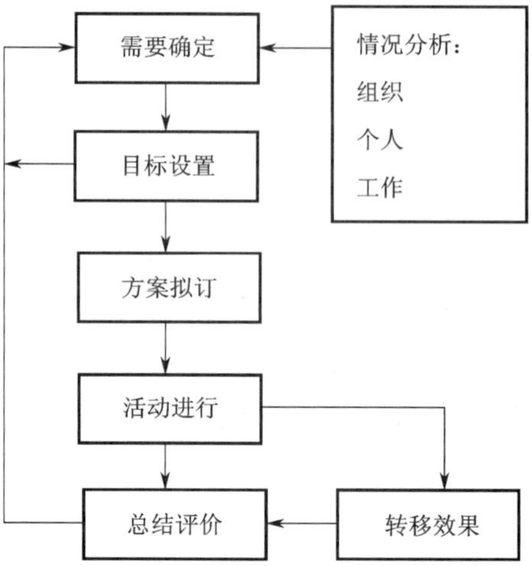

图 8-4　人力资源培训系统模型

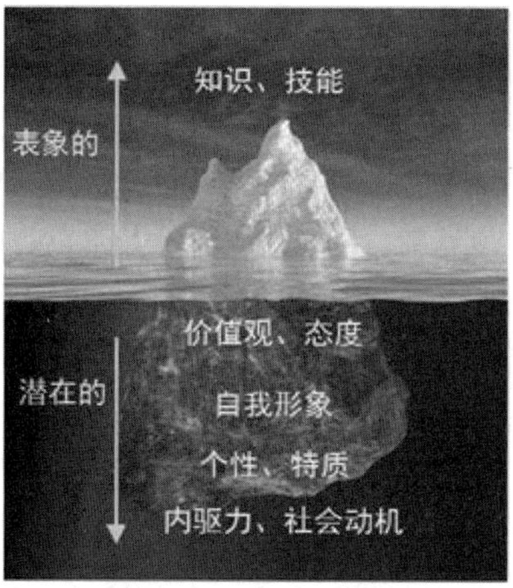

图 8-5　胜任力冰山模型

胜任力冰山模型对素质模型的构成要素进行的定义如下。

（1）知识，指个人在某一特定领域拥有事实型或经验型的信息。

（2）技能，指个体能够有效运用知识完成某项具体工作的能力。

（3）社会角色，即个体在公共场合所表现出来的形象、气质和风格。

（4）自我形象，指个体对自身状态的感知能力，它包括对自己的长处和弱点、思维模式、解决问题的风格、与人交往的特点以及对自我角色合理定位等的认识。

（5）品质，包括气质、性格、兴趣等，是个体表现的一贯反应，如性格内外向、不同的气质类型等。

（6）动机，指推动个体为达到某种目标而采取一系列行动的内驱力，如成就动机强烈的人会持续不断地为自己设定目标并努力达到。

该模型显示居于冰山上面的知识、技能只不过是冰山一角，埋藏在冰山下面的自我形象、个性品质、动机等才是预测个体未来绩效的重要因素。素质模型代表一个人能做什么（技能、知识）、想做什么（角色定位、自我形象）和为什么做（价值观、品质、动机）的内在特质的组合。

8.5 绩效管理

绩效管理是指各级管理者和员工为了达到组织目标共同参与的绩效计划制订、绩效辅导沟通、绩效考核评价、绩效结果应用、绩效目标提升的持续循环过程，绩效管理的目的是持续提升个人、部门和组织的绩效。

8.5.1 绩效考核的体系设计

绩效考核体系是由一组既独立又相互关联并能较完整地表达评价要求的考核指标组成的评价系统，绩效考核体系的建立，有利于评价员工的工作状况，是进行员工考核工作的基础，也是保证考核结果准确、合理的重要因素。考核指标是能够反映业绩目标完成情况、工作态度、能力等级的数据，是绩效考核体系的基本单位。绩效考核的主要内容如下。

（1）业绩考核：通过设定关键业绩指标，定期衡量各岗位员工重要工作的完成情况。此类考核主要在管理人员中进行，其中部门经理在季度考核和年度考核的指标是不同的。经理以下其他管理人员只需在年度进行考核。分为硬指标（定量指标）与软指标（定性指标）两类。

（2）计划考核：即计划完成情况的考核，在每个月度和季度动态衡量岗位员工的努力程度和工作效果。在部门经理的考核中，季度和年度计划完成情况的考核又称为“部门业绩考核”。

（3）能力态度考核：衡量各岗位员工完成本职工作具备的各项能力，对待工作的态度、思想意识和工作作风，每年度进行一次。

（4）部门满意度考核：主要考核公司各部门在日常工作中的配合和协调情况与效果，每季度进行一次。

以上四部分内容，在不同的考核周期，针对不同的考核对象，会分别采用不同的组合和权重进行考核。

绩效考评形式，按考评时间可分为日常考评与定期考评，按考评主体分为主管考评、自我考评、同事考评和下属考评，按考评结果的表现形式分为定性考评与定量考评。

8.5.2 绩效考评方法

1. 360 度绩效考评

360 度绩效评估法又称为全方位考核法，是常见的绩效考核方法之一，其特点是评价维度多元化（如 3 项或 5 项），适用于对中层以上的人员进行考核（图 8-6）。360 度考核法最早由英特尔公司提出并加以实施运用。该方法是指通过员工自己、上司、同事、下属、顾客等不同主体来了解其工作绩效，评论知晓各方面的意见，清楚自己的长处和短处，来达到提高自己的目的。这种方法的优点是比较全面地进行评估，易于作出比较公正的评价，同时通过反馈可以促进工作能力的提升，也有利于团队建设和沟通。它的缺点是因为来自各方面的评估，工作量比较大；也可能存在非正式组织，影响评价的公正性；还需要员工有一定的知识参与评估。

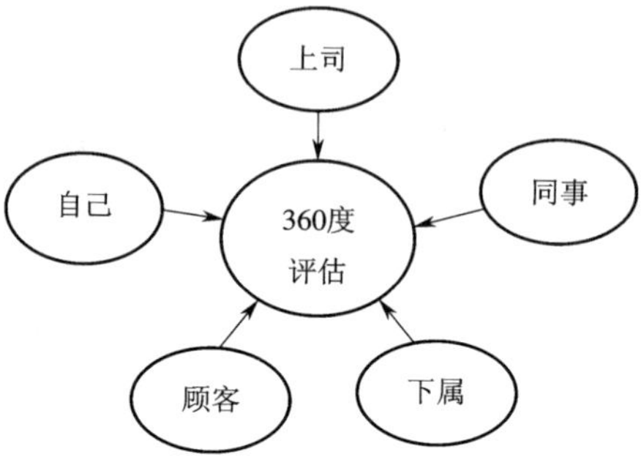

图 8-6　360 度评估系统

2. 目标管理

目标管理源于美国管理学家彼得•德鲁克，他在 1954 年出版的《管理的实践》一书中，首先提出了“目标管理和自我控制的主张”，认为“企业的目的和任务必须转化为目标。企业如果无总目标及与总目标相一致的分目标，来指导职工的生产和管理活动，则企业规模越大，人员越多，发生内耗和浪费的可能性越大”。目标管理也即让企业的管理人员和员工亲自参加工作目标的制订，在工作中实行“自我控制”，并努力完成工作目标的一种管理制度。目标管理中目标分解的过程如图 8-7 所示。

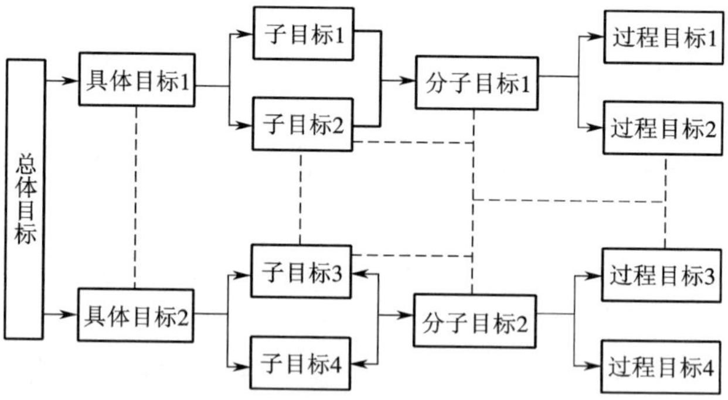

图 8-7　目标分解的过程

目标管理的具体做法分三个阶段：目标的设置、实现目标过程的管理和测定与评价所取得的成果。

1）目标的设置

这是目标管理最重要的阶段，第一阶段可以细分为以下四个步骤。

（1）高层管理预定目标，这是一个暂时的、可以改变的目标预案。即可以上级提出，再同下级讨论；也可以由下级提出，上级批准。无论哪种方式，必须共同商量决定。其次，领导必须根据企业的使命和长远战略，估计客观环境带来的机会和挑战，对本企业的优劣有清醒的认识。对组织应该和能够完成的目标心中有数。

（2）重新审议组织结构和职责分工。目标管理要求每一个分目标都有确定的责任主体。因此预定目标之后，需要重新审查现有组织结构，根据新的目标分解要求进行调整，明确目标责任者和协调关系。

（3）确立下级的目标。首先下级明确组织的规划和目标，然后商定下级的分目标。在讨论中上级要尊重下级，平等待人，耐心倾听下级意见，帮助下级发展一致性和支持性目标。分目标要具体量化，便于考核；分清轻重缓急，以免顾此失彼；既要有挑战性，又要有实现可能。每个员工和部门的分目标要和其他的分目标协调一致，支持本单位和组织目标的实现。

（4）上级和下级就实现各项目标所需的条件以及实现目标后的奖惩事宜达成协议。分目标制订后，要授予下级相应的资源配置的权力，实现权责利的统一。由下级写成书面协议，编制目标记录卡片，整个组织汇总所有资料后，绘制出目标图。

2）实现目标过程的管理

目标管理重视结果，强调自主、自治和自觉。并不等于领导可以放手不管，相反由于形成了目标体系，一环失误，就会牵动全局。因此领导在目标实施过程中的管理是不可缺少的。首先进行定期检查，利用双方经常接触的机会和信息反馈渠道自然地进行；其次要向下级通报进度，便于互相协调；再次要帮助下级解决工作中出现的困难问题，当出现意外、不可测事件严重影响组织目标实现时，也可以通过一定的手续，修改原定的目标。

3）总结和评估

达到预定的期限后，下级首先进行自我评估，提交书面报告；然后上下级一起考核目标完成情况，决定奖惩；同时讨论下一阶段的目标，开始新循环。如果目标没有完成，应分析原因总结教训，切忌相互指责，以保持相互信任的气氛。

由于各个组织活动的性质不同，目标管理的步骤可以不完全一样，但一般来说，可以分为以下四步：建立一套完整的目标体系、明确责任、组织实施与检查和评价。

3. 关键绩效指标

企业关键绩效指标（KPI，Key Performance Indicator）是通过对组织内部流程的输入端、输出端的关键参数进行设置、取样、计算、分析，衡量流程绩效的一种目标式量化管理指标，是把企业的战略目标分解为可操作的工作目标的工具，是企业绩效管理的基础。KPI 可以使部门主管明确部门的主要责任，并以此为基础，明确部门人员的业绩衡量指标。建立明确的、切实可行的 KPI 体系，是做好绩效管理的关键。关键绩效指标是用于衡量工作人员工作绩效表现的量化指标，是绩效计划的重要组成部分。

确定有效的关键绩效指标要遵循 SMART 原则。S 代表具体（Specific），指绩效考核要切中特定的工作指标，不能笼统；M 代表可度量（Measurable），指绩效指标是数量化或者行为化的，验证这些绩效指标的数据或者信息是可以获得的；A 代表可实现（Attainable），指绩效指标在付出努力的情况下可以实现，避免设立过高或过低的目标；R

代表现实性（Realistic），指绩效指标是实实在在的，可以证明和观察；T 代表有时限（Timebound），注重完成绩效指标的特定期限。

在 KPI 体系的建立过程中，尤其是在制定职位的关键业绩指标时，需要明确的是建立起 KPI 体系并不是我们工作目标的全部，更重要的是在 KPI 的建立过程中，各部门、各职位对其关键业绩指标通过沟通讨论，达成共识，运用绩效管理的思想和方法，来明确各部门和各个职位的关键贡献，并据此运用于确定各部门和各个人的工作目标。在实际工作中围绕 KPI 开展工作，不断进行阶段性的绩效改进，达到激励、引导目标实现和工作改进的目的，避免无效劳动。

4. 平衡计分卡

平衡计分卡法是从财务、顾客、内部运营、学习与成长四个角度，将组织的战略落实为可操作的衡量指标和目标值的一种新型绩效管理体系（图 8-8）。平衡计分卡法一方面考核企业的产出（上期的结果），另一方面考核企业未来成长的潜力（下期的预测），再从顾客角度和内部运营角度两方面考核企业的运营状况，充分把公司的长期战略与公司的短期战略相结合。因此，人们通常称平衡计分卡是加强企业战略执行力的最有效的战略管理工具。

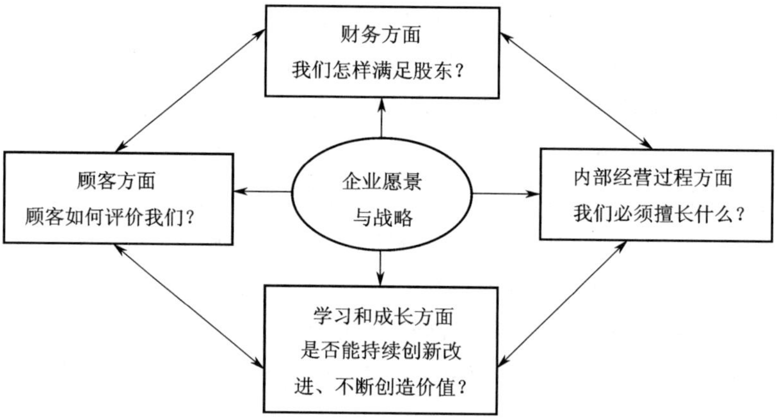

图 8-8　平衡计分卡

8.6　第五年运营

企业第五年运营流程记录表见附录 2。

第 9 章　第六年——全面信息化管理

9.1　信息化管理概述

9.1.1　正确理解信息化管理

信息化管理是以信息化带动工业化，实现企业管理现代化的过程，它是将现代信息技术与先进的管理理念相融合，转变企业生产方式、经营方式、业务流程、传统管理方式和组织方式，重新整合企业内外部资源，提高企业效率和效益，增强企业竞争力的过程。

1. 信息化管理是为达到企业目标而进行的一个过程

信息化管理是企业为了达到其经营目标，以适量投入获取最佳效益，借助一些重要的工具和手段而有效利用企业人力、物力和财力等资源的过程。信息化是手段，运营是关键，业务流程的优化或重组是核心，增强企业的核心竞争力、实现企业价值的最大化是最终目的。不能为了片面地追求信息系统的准确、信息的快速获得而忽视了信息是为企业经营管理服务的。

2. 信息化管理不是 IT 与经营管理简单的结合，而是相互融合和创新

信息化管理不是简单地用 IT 工具来实现已经陈旧的管理逻辑，当信息系统与现行的管理制度、组织行为发生剧烈冲击和碰撞的时候，当需要真正的创新发生在现有的管理层面，甚至企业治理结构层面的时候，信息系统往往无法提供更多的帮助，而需要的是通过信息化带动企业管理的创新，站在企业战略发展的高度，重新审视过去积淀的企业文化、企业理念、管理制度、组织结构，将信息技术融入企业新的管理模式和方法中。

3. 信息化管理是一个动态的系统和一个动态的管理过程

企业的信息化并不能一蹴而就。企业内外部环境是一个动态的系统，企业管理的信息化系统软件也要与之相适应，管理信息系统的选型、采购、实施、应用是一个循环的动态过程，这一动态过程是与企业的战略目标和业务流程紧密联系在一起的。

9.1.2　信息化管理的内容

企业信息化管理的精髓是信息集成，其核心要素是数据平台的建设和数据的深度挖掘，通过管理信息系统把企业的设计、采购、生产、制造、财务、营销、经营、管理等各个环节集成起来，共享信息和资源，同时利用现代的技术手段寻找潜在客户，有效地支撑企业的决策系统，达到降低库存、提高生产效能和质量、快速应变的目的，增强企业的市场竞争力。

（1）改变企业的传统管理模式，实行扁平化管理和网络化管理，实现面向客户的集成化管理目标。这就要求对企业管理进行重组和变革，重新设计和优化企业的业务流程，使企业内部和外部的信息传输更为便捷，实现信息资源的共享，使管理者与员工、各部门之间以及企业与外部之间的沟通更直接，提高管理效率，降低管理成本。

（2）运用信息技术对企业的商流、物流、资金流和信息流进行有效控制和管理。逐步实现商流、物流、资金流和信息流的同步发展，通过商流、物流、资金流和信息流系统将原来的管理金字塔体系打破，实现扁平化的管理方式。通过重建每个员工、每道工序、每个部门的数字化基础，达到规范化、标准化的要求，企业领导和管理人员可随时调用生产、采购、财务等部门的所有数据，既实现资源共享，又实现实时监控。这样，在新的管理思想基础上建立起来的新的数字化管理才能成为企业走向网络化、信息化的坚实基础。

9.2 ERP管理系统

9.2.1 ERP系统概述

ERP系统是企业资源计划（Enterprise Resource Planning）的简称，是指建立在信息技术基础上，以系统化的管理思想为企业决策层及员工提供决策运行手段的管理平台。它是从MRP（物料需求计划）发展而来的新一代集成化管理信息系统，它扩展了MRP的功能，其核心思想是供应链管理，它跳出了传统企业边界，从供应链范围去优化企业的资源。ERP系统集信息技术与先进管理思想于一身，成为现代企业的运行模式，反映时代对企业合理调配资源，最大化地创造社会财富的要求，成为企业在信息时代生存、发展的基石，它对于改善企业业务流程、提高企业核心竞争力具有显著作用。

9.2.2 ERP的发展历程

ERP的发展和成长是企业管理人员将企业业务流程借助计算机技术加以规范化和条例化，成为企业适用的管理信息系统。ERP的发展大致经历了以下四个阶段。

1. 20世纪60年代中期：从订货点法到MRP，解决了控制库存问题

订货点法又称订购点法，始于20世纪30年代。订货点法指的是：对于某种物料或产品，由于生产或销售的原因而逐渐减少，当库存量降低到某一预先设定的点时，即开始发出订货单（采购单或加工单）来补充库存。直至库存量降低到安全库存时，发出的订单所定购的物料（产品）刚好到达仓库，补充前一时期的消耗，此一订货的数值点，即称为订货点。订货点法的不足之处是它没有按照物料真正需用的时间来确定订货日期，往往会造成较多的库存积压。

20世纪60年代中期，美国IBM公司的约瑟夫•奥列基博士提出了把企业产品中的各种需求分为独立需求和相关需求两种类型的概念，并按时间段确定不同时期的物料需求，产生了解决库存物料订货的新方法，即物料需求计划（MRP）法。

物料需求计划的基本原理是根据反工艺路线的原理，按照主生产计划规定的产品生产数量及期限要求，利用产品结构、零部件和在制品库存情况、各生产（或采购）阶段的提前期、安全库存等信息，反工艺顺序地推算出各个零部件的出产数量与期限。MRP 逻辑流程如图 9-1 所示。主生产计划（MPS）、物料清单、库存信息称为 MRP 的三个基本要素。

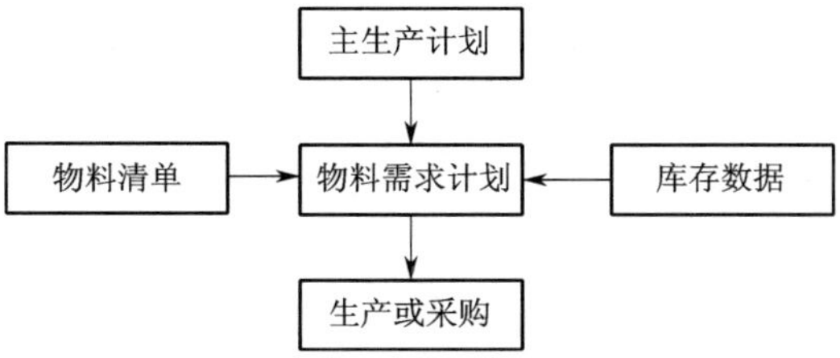

图 9-1 MRP 逻辑流程

2. 20 世纪 70 年代中期：闭环 MRP，解决了计划与控制问题

从 MRP 逻辑流程图可以看出，当具备了主生产计划、物料清单和库存信息三个方面的数据后，便可以运行和编制 MRP，解决物料的相关需求问题。这里存在一个问题，MRP 系统要正常运行，首先要有一个相对稳定、现实可行的主生产计划，但是，企业内外部信息在不断变化。人们不能阻止其变化，只能及时调整计划去适应客观变化。于是，为提高物料需求计划的有效性，人们对 MRP 进行了改进，在 MRP 的基础上增加了能力需求计划（CRP）、车间作业管理（SFC）和采购管理（PM）等功能，并及时得到来自生产能力的反馈信息，从而形成一个闭环的、完整的计划与控制系统，这就是闭环 MRP。

闭环 MRP 理论认为，主生产计划与物料需求计划的可执行性，应充分考虑企业生产能力的约束，在满足生产能力需求的前提下，才能保证物料需求计划的执行。在这种思想要求下，企业必须对投入与产出进行控制，也就是对企业的能力进行校检、执行和控制。

3. 20 世纪 80 年代初期：MRP Ⅱ，解决了物料与资金信息集成问题

闭环 MRP 系统的出现，使生产活动方面的各子系统得到了统一。但这还不够，因为在企业的管理中，生产管理只是一个方面，它所涉及的仅仅是物流，而与物流密切相关的还有资金流。这在许多企业中是由财会人员另行管理的，这就造成了数据的重复录入与存储，甚至造成数据的不一致性。20 世纪 80 年代，人们把生产、财务、销售、工程技术、采购等各个子系统集成为一个一体化的系统，这样，闭环 MRP 进一步发展，把物料流动同资金流动结合起来，形成一个完整的计划体系——制造资源计划（Manufacturing Resource Planning）系统，英文缩写还是 MRP，为了有别于物料需求计划（MRP），用 MRP Ⅱ 来表示。

MRP Ⅱ 是通过以下两种方式把物流和资金流的信息集成起来的：①为每个物料定义标准成本和会计科目，建立物料和资金的静态关系；②为各种库存事务，就是说物料的移动（实际的或逻辑的）或数量、价格的调整，建立凭证定义相关的会计科目和借贷关系，来说明物流和资金流的动态关系。物流信息与资金流信息的统一，通俗地说就是把“实务

账”和“财务账”统一起来。MRP Ⅱ的逻辑流程如图 9-2 所示。

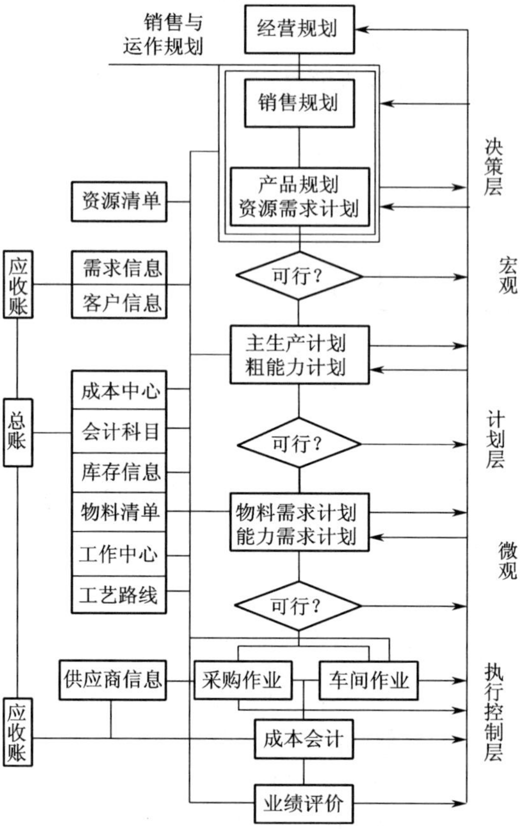

图 9-2　MRP Ⅱ逻辑流程

4. 20 世纪 90 年代初期：ERP 解决了经济全球化的环境下，提高企业竞争力问题

ERP（Enterprise Resource Planning）即企业资源计划，是由美国加特纳公司在 20 世纪 90 年代初首先提出的。ERP 是在 MRP Ⅱ的基础上综合了其他类型的企业管理信息系统发展起来的，是企业信息化的一个新里程碑，或者说是企业信息化发展的新阶段。ERP 是一个集成的概念，在功能上实现一个企业具有的各类资源的系统与综合管理，在技术上，是现代管理方法与现代信息技术在企业经营管理中的综合应用。ERP 的主要目标是利用现代信息技术与管理方法，改革企业的管理模式与管理手段，以提高企业在市场的竞争能力。

9.2.3　ERP 的管理思想

ERP 的管理思想主要体现在以下三个方面。

1. ERP 的核心管理思想是供应链管理

供应链管理是指通过加强供应链中各活动和实体间的信息交流和协调，增大物流和资金流的流量和流速，并使其保持畅通，实现供需平衡。ERP 正是基于“供应链”的管理思想，把客户需求和企业内部的制造活动以及供应商的制造资源整合在一起，使得企业适应市场与客户需求的能力增强。同时，ERP 将制造企业的制造流程看作一个在全社会范围内紧密连接的供应链，包括供应商、制造工厂、分销网络和客户等。将分布在各地所属企业的内部划分为几个相互协同作业的支持子系统，如市场营销、财务、生产制造、质量控制等。ERP 系统提供了可对供应链上所有环节进行有效管理的功能。

2. ERP 系统同企业业务流程重组是密切相关的

信息技术的发展加快了信息传递的速度和实时性，为企业进行信息的实时处理、作出相应的决策提供了有利的条件。为了提高企业供应链管理的竞争优势，必然会带来企业业务流程、信息流程和组织机构的变革。业务流程重组旨在消除部门隔阂，强调面向业务流程管理，以客户为中心，将决策建立在业务流程执行的地方，减少无效劳动和提高对客户的反应速度。ERP 就是按照这样的基本思想将优化的业务流程写在程序里，并能够随着企业业务流程的变化而相应地调整，能把传统 MRP Ⅱ 系统对环境变化的“应变性”上升为 ERP 系统通过网络信息对内外环境变化的“能动性”。

3. ERP 采用了现代信息技术的最高成就

ERP 是现代企业管理思想、管理模式和信息技术的统一。现代信息技术的发展为 ERP 提供了强大的技术支持。ERP 系统除采用了图形用户界面技术、SQL 结构化查询语言、关系数据库管理系统、面对对象技术、分布式数据处理系统等技术外，还实现了不同平台的互操作，加强了用户自定义的灵活性，以适应不同行业用户的需求。

总之，ERP 一方面强调供应链管理，从整个社会的角度进行企业资源优化，另一方面重视提高企业的柔性、敏捷性、集成性、全球性和对准时制生产（JIT）、企业流程再造（BPR）等的支持。ERP 是先进的管理思想和理念的体现，是信息时代企业实现现代化管理的有力工具，从某种意义上说，ERP 是衡量企业管理现代化的一把标尺。

9.3 第六年运营

企业第六年运营流程记录表见附录 2。

第 10 章　经营成果评价与实训总结

10.1　经营成果评价的体系

ERP 实训结束后，处于同一起跑线上的 6 个企业，经过 6 年的经营，各自表现出不同的经营状况，这就需要对这 6 年的经营成果作出评价。

1. 仅仅考虑“权益”的弊端

ERP 沙盘模拟经营实训中，权益结构很简单，所有者权益 = 股东资本 + 利润。利润是利润留存（以前年度未分配利润）与当年净利润之和，利润越大，意味着“赚钱越多”。股东资本是企业经营之初，所有股东投入的资金。在实训中，有些小组由于决策失误，导致“资不抵债”且“现金断流”时，出于实训“延续性”的考虑，需要对其进行“股东资本追加”。此时该小组股东资本 = 股东原始资本 + 追加股东资本。追加了股东资本后，权益加大。此时如果还按照权益去计算得分，显然对于未追加资本的小组而言是不公平的。

由此可见，仅仅从“权益”角度对经营成果进行评价，存在不公平的因素。

2. 经营成果比较公平的评价体系

对 ERP 沙盘模拟经营实训中各小组（企业）比较“公平”的评价应该考虑两个方面：利润和企业未来的发展。

利润肯定是一个关键因素，盈利的多与少是各组沙盘经营综合决策的客观结果。利润越大，意味着“赚钱越多”。

综合考虑企业未来的发展是另一个关键因素。企业的固定资产（生产线、厂房等）、现金流状况（应收款、应付款、当前现金）、市场份额（总市场占有率、各个分市场占有率）、ISO 认证、产品开发等因素均应当综合考虑。

10.2　综合因素评价分析

对各小组的综合评价，主要考虑企业未来的发展潜力。如果企业继续经营应考虑企业已经存在的各种有形资产和无形资产的价值。

1. 生产线数量

生产线的数量决定了企业的生产能力，生产线越多、越先进，企业未来的“产能”就越大。

2. 自主厂房数量

企业拥有自主厂房（已购买），在未来生产经营中可以省去“租金”的费用，自主厂房越多，意味着企业固定资产规模越大。

3. 市场数量

企业开拓的市场越多，可销售产品的市场越宽广，拿订单易于达到“最大可销售量”，降低库存。而且可以更好地定位于价格高的市场，降低广告费用，增强赢利能力，加快资金周转。

4. 产品种类

企业产品种类越多，产品市场的订单越易于达到“最大可销售量”，降低库存。而且可以销售毛利高的产品，增加“毛利率”，降低广告费用分摊比例，提高企业的赢利能力。

5. ISO 认证

市场上有 ISO 认证需要的订单与普通订单相比，“价格”和“应收款”期限都更优惠，企业拥有 ISO 认证，投放 ISO 广告，虽增加了广告费用，但因此获得的订单销售额更高，企业的利润会更高。

6. 市场销售排名

企业在某市场的销售额最高，就是该市场的老大，在该市场处于“主导地位”。在有“市场老大”规则的情况下，“市场老大”的地位是一种“优势”，可以降低广告费用，增强企业赢利能力。

7. 未借紧急贷款、未贴现

未借紧急贷款、未贴现体现了企业运营中对“现金流”的控制得当，财务预算与执行能力强，财务成本较低。

企业综合发展潜力如表 10-1 所示。

表 10-1　企业综合发展潜力

序号	项　　目	综合发展潜力系数
01	大厂房（至少生产出一件产品）	+15/ 每厂房
02	小厂房（至少生产出一件产品）	+10/ 每厂房
03	手工生产线	+5/ 条
04	半自动生产线	+10/ 条
05	全自动 / 柔性	+15/ 条
06	区域市场开发	+10
07	国内市场开发	+15
08	亚洲市场开发	+20
09	国际市场开发	+25

续表

序号	项目	综合发展潜力系数
10	ISO 9000	+10
11	ISO 14000	+10
12	P2	+10
13	P3	+10
14	P4	+15
15	本地市场地位	+15/ 最后一年市场第一
16	区域市场地位	+15/ 最后一年市场第一
17	国内市场地位	+15/ 最后一年市场第一
18	亚洲市场地位	+15/ 最后一年市场第一
19	国际市场地位	+15/ 最后一年市场第一
20	紧急贷款扣分	每次扣 15 分
21	其他扣分	

经营成果的分值（软件分）= 所有者权益 ×（1 ＋企业综合发展潜力 /100）

10.3　实训总结

ERP 沙盘模拟经营实训的最后一个环节是实训总结。总结的目的是让学生将参与 ERP 沙盘模拟经营实训中的经验与心得记录下来，进一步加深对 ERP 的理解，熟悉企业经营的全过程。

在 ERP 沙盘模拟实训中，学习者以小组来共同完成模拟企业的经营。学习者将熟悉企业的采购、生产、销售、财务等各环节的流程，制定企业的发展战略，制定并实施企业每年度的广告决策、市场决策、研发决策、生产决策、采购决策、资金资本决策等，在制定企业的各项经营决策中，他们需要将所学的经济学、管理学、会计学、财务管理、市场营销学、人力资源管理等课程的知识运用到企业经营中，同时，小组成员需要协作，共同完成决策的制定并实施，无论是知识的储备还是决策的实施，工作量都挺大。

ERP 沙盘模拟经营实训总结的过程是系统地分析与归纳实训中的成功经验与失败教训的过程，是整个实训步骤环节与知识理论的再现。实训总结环节，给了同学们展现自我风采及团队风采的机会，更重要的是通过总结，发现经营中的问题，明确今后发展的方向。

ERP 沙盘模拟经营实训总结包括口头总结和书面总结。口头总结以小组的形式进行，每个小组选出代表，对实训过程和经营成败进行分享，可以从企业的整体战略、产品研发、采购与生产、市场营销、财务与资金、团队协作与沟通等方面来进行。书面总结是在实训课程结束后，以实训报告的形式提交，总结的内容可以从经营情况介绍、企业成败的关键点分析及原因、所担任角色的得失、企业发展的意见等方面来进行。

ERP 沙盘模拟经营实训总结见附录 7。

附录 1　重要规则速查表

1. 市场准入相关规则

<table>
<tr><td>市场</td><td>开拓费用</td><td>开拓时间</td><td rowspan="5">市场准入投资按年度平均支付，允许同时开拓多个市场，每个市场每年最多投资 1 M，不允许加速投资，但允许中断
只有市场准入投资完成后方可在该市场投入广告选单，市场准入费用计入当年综合费用
1 M=100 万元</td></tr>
<tr><td>区域</td><td>1 M</td><td>1 年</td></tr>
<tr><td>国内</td><td>2 M</td><td>2 年</td></tr>
<tr><td>亚洲</td><td>3 M</td><td>3 年</td></tr>
<tr><td>国际</td><td>4 M</td><td>4 年</td></tr>
</table>

2.ISO 认证相关规则

<table>
<tr><td>认证名称</td><td>认证时间</td><td>认证费用</td><td rowspan="3">企业可以选择进行一项认证或两项认证，认证按年度投资，不允许加速，但可以中断。认证投资完成后领取相应 ISO 资格，ISO 认证投资计入当年综合费用
1 M=100 万元</td></tr>
<tr><td>ISO 9000</td><td>≥ 2 年</td><td>1 M/ 年</td></tr>
<tr><td>ISO 14000</td><td>≥ 3 年</td><td>1 M/ 年</td></tr>
</table>

3. 产品研发相关规则

<table>
<tr><td>产品</td><td>研发时间</td><td>研发投资</td><td rowspan="4">新产品研发投资可以同时进行，按季度平均支付或延期，资金短缺时可以中断。研发投资完成后换取产品生产资格证，方可接单生产，研发投资计入当年综合费用
1 M=100 万元，Q 表示季度</td></tr>
<tr><td>P2</td><td>6 Q</td><td>6 M</td></tr>
<tr><td>P3</td><td>6 Q</td><td>12 M</td></tr>
<tr><td>P4</td><td>6 Q</td><td>18 M</td></tr>
</table>

4. 厂房相关规则

<table>
<tr><td>厂房</td><td>买价</td><td>租金</td><td>售价</td><td>容量</td><td rowspan="3">年底决定厂房是购买还是租赁，出售厂房计入 4 Q 应收款，厂房不提折旧
1 M=100 万元，Q 表示季度</td></tr>
<tr><td>大厂房</td><td>40 M</td><td>4 M/ 年</td><td>40 M（4 Q）</td><td>6 条生产线</td></tr>
<tr><td>小厂房</td><td>30 M</td><td>3 M/ 年</td><td>30 M（4 Q）</td><td>4 条生产线</td></tr>
</table>

5. 生产线相关规则

生产线	购置费	安装周期	生产周期	转产周期	转产费用	维修费用	残值
手工线	4 M	无	3 Q	无	0	1 M/ 年	1 M
半自动线	8 M	2 Q	2 Q	1 Q	1 M	1 M/ 年	2 M

生产线	购置费	安装周期	生产周期	转产周期	转产费用	维修费用	残值
全自动线	16 M	4 Q	1 Q	2 Q	4 M	1 M/ 年	4 M
柔性线	24 M	4 Q	1 Q	无	0	1 M/ 年	8 M

- 投资：投资新的生产线按安装周期平均支付，全部投资到位的下一季度领取产品标识，开始生产。
- 转产：现有生产线转产新产品时可能需要一定的转产周期并支付一定的转产费用，最后一笔支付到期一个季度后方可更换产品标识。
- 维护：当年在建的生产线和当年出售的生产线不交维修费。
- 出售：出售生产线，价格均为残值。如果生产线净值大于残值，将相当于残值的部分转换为现金，将差额部分计入综合费用的其他处。
- 折旧：每年按生产线净值的 1/3（向下取整）计算折旧，当年建成的生产线不提折旧，当生产线净值小于 3 M 时，每年提 1 M 折旧。1 M=100 万元，Q 表示季度。

6. 产品成本构成规则

产品	成本构成					总成本
	原材料				加工费	
	R1	R2	R3	R4		
P1	1				1 M/ 件	2 M
P2	1	1			1 M/ 件	3 M
P3		2	1		1 M/ 件	4 M
P4		1	1	2	1 M/ 件	5 M
R1 红币，R2 黄币，R3 蓝币，R4 绿币均为原材料。1 M=100 万元。						

7. 原材料采购相关规则

原材料	筹码颜色	价格	采购提前期	
R1	红色	1 M/ 个	1 Q	1 M=100 万元，Q 表示季度
R2	黄色	1 M/ 个	1 Q	
R3	蓝色	1 M/ 个	2 Q	
R4	绿色	1 M/ 个	2 Q	

8. 资金相关规则

贷款类型	贷款年限	办理时间	最大贷款额度	利息	还款方式
长期贷款	5 年	每年年末	上一年所有者权益 ×2 －已有贷款总额	10%	年底付息，到期还本
短期贷款	1 年	每季度初		5%	到期一次性还本付息
紧急贷款	1 年	任何时间	与银行协商	20%	到期一次性还本付息

续表

贷款类型	贷款年限	办理时间	最大贷款额度	利息	还款方式
应收贴现	—	任何时间	应收款金额	1/10	贴现时付息
● 长期贷款每年必须归还利息，到期还本，本利双清后，如果还有额度时，才允许重新申请贷款。即：如果有贷款需要归还，同时还拥有贷款额度时，必须先归还到期的贷款，才能申请新贷款。不能以新贷还旧贷（续贷），短期贷款也按本规定执行。 ● 结束年时，不要求归还没有到期的各类贷款。 ● 所有的贷款不允许提前还款。					

9. 选单规则

上一年销售额最高（无违约）优先；其次看本市场本产品广告额；再看本市场广告总额；再看市场销售排名；如仍无法决定，自行商定。

10. 交单规则

交单可提前，不可推后，违约将罚款，同时取消市场老大资格。

11. 破产规则

现金断流或所有者权益为负。

附录 2　运营流程记录表

ERP 沙盘模拟经营实训运营流程记录表

组号（A~F）：______________________

队名：______________________

总经理：______________________

总经理助理：______________________

财务总监：______________________

财务助理：______________________

营销总监：______________________

营销助理：______________________

生产总监：______________________

采购总监：______________________

__________年__________月__________日

起始年运营流程记录

企业运营流程 请按顺序执行下列各项工作		每执行完一项工作，CEO 在相应的方格内打“√” 财务总监（助理）在方格中填写现金收支情况			
年初	新年度规划会议				
	支付广告费 / 参加订货会 / 登记销售订单				
	制订新年度计划				
	支付应交税金				
1	季初现金盘点（请填余额）				
2	更新短期贷款 / 短贷还本付息 / 申请短期贷款（紧急贷款）				
3	更新应付款 / 归还应付款				
4	原材料入库 / 更新原材料订单				
5	下原材料订单				
6	更新生产 / 完工入库				
7	投资新生产线 / 变卖生产线 / 生产线转产				
8	向其他企业购买原材料 / 出售原材料				
9	开始下一批生产				
10	更新应收款 / 应收款收现				
11	出售厂房				
12	向其他企业购买成品 / 出售成品				
13	按订单交货				
14	产品研发投资				
15	支付行政管理费				
16	其他现金收支情况登记				
年末	支付长贷利息 / 更新长期贷款 / 归还长期贷款 / 申请长期贷款				
	支付设备维修费				
	支付租金 / 购买厂房				
	计提折旧				（ ）
	新市场开拓 /ISO 资格认证投资				
17	现金收入合计				
18	现金支出合计				
19	期末现金对账（请填余额）				
	结账				

订单登记表

订单号											合计
市场											
产品											
数量											
账期											
销售额											
成本											
毛利											
未交单											

产品核算统计表

	P1	P2	P3	P4	合计
数　量					
销售额					
成　本					
毛　利					

综合费用明细表

单位：百万元

项　　目	金　　额	备　　注
管理费		
广告费		
维修费		
租　金		
转产费		
市场准入开拓		□区域　□国内　□亚洲　□国际
ISO 资格认证		□ ISO 9000　□ ISO 14000
产品研发		P2（　）P3（　）P4（　）
其他（变卖生产线损失）		
合　计		

利润表

单位：百万元

项　　目		上年数	本年数
销售收入		35	
直接成本	－	12	
毛利	＝	23	
综合费用	－	11	
折旧前利润	＝	12	
折旧	－	4	
支付利息前利润	＝	8	
财务费用	＋/－	4	
其他收入/支出	＋/－		
税前利润	＝	4	
所得税	－	1	
净利润	＝	3	

资产负债表

单位：百万元

资　　产	期初数	期末数	负债和所有者权益	期初数	期末数
流动资产：			负债：		
现金	20		长期负债	40	
应收款	15		短期负债		
在制品	8		应付账款		
产成品	6		应交税金	1	
原材料	3		一年内到期的长期负债		
流动资产合计	52		负债合计	41	
固定资产：			所有者权益：		
土地和建筑	40		股东资本	50	
机器设备	13		利润留存	11	
在建工程			年度净利	3	
固定资产合计	53		所有者权益合计	64	
资产总计	105		负债和所有者权益总计	105	

第一年运营流程记录

企业运营流程 请按顺序执行下列各项工作		每执行完一项工作，CEO 在相应的方格内打“ √ ” 财务总监（助理）在方格中填写现金收支情况			
年初	新年度规划会议				
	支付广告费 / 参加订货会 / 登记销售订单				
	制订新年度计划				
	支付应交税金				
1	季初现金盘点（请填余额）				
2	更新短期贷款 / 短贷还本付息 / 申请短期贷款（紧急贷款）				
3	更新应付款 / 归还应付款				
4	原材料入库 / 更新原材料订单				
5	下原材料订单				
6	更新生产 / 完工入库				
7	投资新生产线 / 变卖生产线 / 生产线转产				
8	向其他企业购买原材料 / 出售原材料				
9	开始下一批生产				
10	更新应收款 / 应收款收现				
11	出售厂房				
12	向其他企业购买成品 / 出售成品				
13	按订单交货				
14	产品研发投资				
15	支付行政管理费				
16	其他现金收支情况登记				
年末	支付长贷利息 / 更新长期贷款 / 归还长期贷款 / 申请长期贷款				
	支付设备维修费				
	支付租金 / 购买厂房				
	计提折旧				（ ）
	新市场开拓 /ISO 资格认证投资				
17	现金收入合计				
18	现金支出合计				
19	期末现金对账（请填余额）				
	结账				

现金预算表

单位：百万元

项　　目	第一季度	第二季度	第三季度	第四季度
期初库存现金				
市场广告投入				
支付上年应交税金				
支付到期短期贷款本金				
支付短期贷款利息				
支付到期的应付款				
支付原材料采购现金				
支付生产线投资				
支付转产费用				
向其他企业购买原材料				
向其他企业出售原材料				
支付产品加工费用				
应收款到期收到现金				
向其他企业购买成品				
向其他企业出售成品				
支付产品研发投资				
支付管理费				
其他现金收入				
其他现金支出				
支付长期贷款利息				
偿还到期的长期贷款				
支付设备维修费				
支付租金				
支付购买厂房费用				
支付市场开拓费用				
支付 ISO 认证费				
现金收入合计				
现金支出合计				
现金多余或不足				
向银行贷款				
贴现收到现金				
期末现金余额				

各季度要点记录：

第一季度：______________________________

第二节度：______________________________

第三季度：______________________________

第四季度：______________________________

订单登记表

订单号											合计
市场											
产品											
数量											
账期											
销售额											
成本											
毛利											
未交单											

组间交易明细表

买　入				卖　出			
产品	数量	单价	总金额	产品	数量	单价	总金额

产品核算统计表

	P1	P2	P3	P4	合 计
数　量					
销售额					
成　本					
毛　利					

综合费用明细表

单位：百万元

项　目	金　额	备　注
管理费		
广告费		
维修费		
租　金		
转产费		
市场准入开拓		□区域　□国内　□亚洲　□国际
ISO 资格认证		□ ISO 9000　□ ISO 14000
产品研发		P2(　)　P3(　)　P4(　)
其他（变卖生产线损失）		
合　计		

利润表

单位：百万元

项　　目		上年数	本年数
销售收入			
直接成本	−		
毛利	=		
综合费用	−		
折旧前利润	=		
折旧	−		
支付利息前利润	=		
财务费用	+/−		
其他收入/支出	+/−		
税前利润	=		
所得税	−		
净利润	=		

资产负债表

单位：百万元

资　　产	期初数	期末数	负债和所有者权益	期初数	期末数
流动资产：			负债：		
现金			长期负债		
应收款			短期负债		
在制品			应付账款		
产成品			应交税金		
原材料			一年内到期的长期负债		
流动资产合计			负债合计		
固定资产：			所有者权益：		
土地和建筑			股东资本		
机器设备			利润留存		
在建工程			年度净利		
固定资产合计			所有者权益合计		
资产总计			负债和所有者权益总计		

第二年运营流程记录

企业运营流程 请按顺序执行下列各项工作		每执行完一项工作，CEO 在相应的方格内打“√” 财务总监（助理）在方格中填写现金收支情况			
年初	新年度规划会议				
	支付广告费 / 参加订货会 / 登记销售订单				
	制订新年度计划				
	支付应交税金				
1	季初现金盘点（请填余额）				
2	更新短期贷款 / 短贷还本付息 / 申请短期贷款（紧急贷款）				
3	更新应付款 / 归还应付款				
4	原材料入库 / 更新原材料订单				
5	下原材料订单				
6	更新生产 / 完工入库				
7	投资新生产线 / 变卖生产线 / 生产线转产				
8	向其他企业购买原材料 / 出售原材料				
9	开始下一批生产				
10	更新应收款 / 应收款收现				
11	出售厂房				
12	向其他企业购买成品 / 出售成品				
13	按订单交货				
14	产品研发投资				
15	支付行政管理费				
16	其他现金收支情况登记				
年末	支付长贷利息 / 更新长期贷款 / 归还长期贷款 / 申请长期贷款				
	支付设备维修费				
	支付租金 / 购买厂房				
	计提折旧				（ ）
	新市场开拓 /ISO 资格认证投资				
17	现金收入合计				
18	现金支出合计				
19	期末现金对账（请填余额）				
	结账				

现金预算表

单位：百万元

项　　目	第一季度	第二季度	第三季度	第四季度
期初库存现金				
市场广告投入				
支付上年应交税金				
支付到期短期贷款本金				
支付短期贷款利息				
支付到期的应付款				
支付原材料采购现金				
支付生产线投资				
支付转产费用				
向其他企业购买原材料				
向其他企业出售原材料				
支付产品加工费用				
应收款到期收到现金				
向其他企业购买成品				
向其他企业出售成品				
支付产品研发投资				
支付管理费				
其他现金收入				
其他现金支出				
支付长期贷款利息				
偿还到期的长期贷款				
支付设备维修费				
支付租金				
支付购买厂房费用				
支付市场开拓费用				
支付 ISO 认证费				
现金收入合计				
现金支出合计				
现金多余或不足				
向银行贷款				
贴现收到现金				
期末现金余额				

各季度要点记录：

第一季度：____________________

第二节度：____________________

第三季度：____________________

第四季度：____________________

订单登记表

订单号											合计
市场											
产品											
数量											
账期											
销售额											
成本											
毛利											
未交单											

组间交易明细表

买　入				卖　出			
产品	数量	单价	总金额	产品	数量	单价	总金额

产品核算统计表

	P1	P2	P3	P4	合 计
数　量					
销售额					
成　本					
毛　利					

综合费用明细表

单位：百万元

项　目	金　额	备　注
管理费		
广告费		
维修费		
租　金		
转产费		
市场准入开拓		□区域　□国内　□亚洲　□国际
ISO 资格认证		□ ISO 9000　□ ISO 14000
产品研发		P2（　）P3（　）P4（　）
其他（变卖生产线损失）		
合　计		

利润表

单位：百万元

项　　目	上年数	本年数
销售收入		
直接成本　　　　　　－		
毛利　　　　　　　　＝		
综合费用　　　　　　－		
折旧前利润　　　　　＝		
折旧　　　　　　　　－		
支付利息前利润　　　＝		
财务费用　　　　　＋/－		
其他收入/支出　　　＋/－		
税前利润　　　　　　＝		
所得税　　　　　　　－		
净利润　　　　　　　＝		

资产负债表

单位：百万元

资　　产	期初数	期末数	负债和所有者权益	期初数	期末数
流动资产：			负债：		
现金			长期负债		
应收款			短期负债		
在制品			应付账款		
产成品			应交税金		
原材料			一年内到期的长期负债		
流动资产合计			负债合计		
固定资产：			所有者权益：		
土地和建筑			股东资本		
机器设备			利润留存		
在建工程			年度净利		
固定资产合计			所有者权益合计		
资产总计			负债和所有者权益总计		

第三年运营流程记录

企业运营流程 请按顺序执行下列各项工作		每执行完一项工作，CEO 在相应的方格内打“√” 财务总监（助理）在方格中填写现金收支情况			
年初	新年度规划会议				
	支付广告费 / 参加订货会 / 登记销售订单				
	制订新年度计划				
	支付应交税金				
1	季初现金盘点（请填余额）				
2	更新短期贷款 / 短贷还本付息 / 申请短期贷款（紧急贷款）				
3	更新应付款 / 归还应付款				
4	原材料入库 / 更新原材料订单				
5	下原材料订单				
6	更新生产 / 完工入库				
7	投资新生产线 / 变卖生产线 / 生产线转产				
8	向其他企业购买原材料 / 出售原材料				
9	开始下一批生产				
10	更新应收款 / 应收款收现				
11	出售厂房				
12	向其他企业购买成品 / 出售成品				
13	按订单交货				
14	产品研发投资				
15	支付行政管理费				
16	其他现金收支情况登记				
年末	支付长贷利息 / 更新长期贷款 / 归还长期贷款 / 申请长期贷款				
	支付设备维修费				
	支付租金 / 购买厂房				
	计提折旧				（ ）
	新市场开拓 /ISO 资格认证投资				
17	现金收入合计				
18	现金支出合计				
19	期末现金对账（请填余额）				
	结账				

现金预算表

单位：百万元

项　　目	第一季度	第二季度	第三季度	第四季度
期初库存现金				
市场广告投入				
支付上年应交税金				
支付到期短期贷款本金				
支付短期贷款利息				
支付到期的应付款				
支付原材料采购现金				
支付生产线投资				
支付转产费用				
向其他企业购买原材料				
向其他企业出售原材料				
支付产品加工费用				
应收款到期收到现金				
向其他企业购买成品				
向其他企业出售成品				
支付产品研发投资				
支付管理费				
其他现金收入				
其他现金支出				
支付长期贷款利息				
偿还到期的长期贷款				
支付设备维修费				
支付租金				
支付购买厂房费用				
支付市场开拓费用				
支付 ISO 认证费				
现金收入合计				
现金支出合计				
现金多余或不足				
向银行贷款				
贴现收到现金				
期末现金余额				

各季度要点记录：

第一季度：____________________

第二节度：____________________

第三季度：____________________

第四季度：____________________

订单登记表

订单号											合计
市场											
产品											
数量											
账期											
销售额											
成本											
毛利											
未交单											

组间交易明细表

买　入				卖　出			
产品	数量	单价	总金额	产品	数量	单价	总金额

产品核算统计表

	P1	P2	P3	P4	合 计
数　量					
销售额					
成　本					
毛　利					

综合费用明细表

单位：百万元

项　目	金　额	备　注
管理费		
广告费		
维修费		
租　金		
转产费		
市场准入开拓		□区域　□国内　□亚洲　□国际
ISO 资格认证		□ ISO 9000　□ ISO 14000
产品研发		P2(　　)　P3(　　)　P4(　　)
其他(变卖生产线损失)		
合　计		

利润表

单位：百万元

项　　目	上年数	本年数
销售收入		
直接成本　　－		
毛利　　＝		
综合费用　　－		
折旧前利润　　＝		
折旧　　－		
支付利息前利润　　＝		
财务费用　　＋/－		
其他收入/支出　　＋/－		
税前利润　　＝		
所得税　　－		
净利润　　＝		

资产负债表

单位：百万元

资　　产	期初数	期末数	负债和所有者权益	期初数	期末数
流动资产：			负债：		
现金			长期负债		
应收款			短期负债		
在制品			应付账款		
产成品			应交税金		
原材料			一年内到期的长期负债		
流动资产合计			负债合计		
固定资产：			所有者权益：		
土地和建筑			股东资本		
机器设备			利润留存		
在建工程			年度净利		
固定资产合计			所有者权益合计		
资产总计			负债和所有者权益总计		

第四年运营流程记录

企业运营流程 请按顺序执行下列各项工作		每执行完一项工作，CEO 在相应的方格内打“√” 财务总监（助理）在方格中填写现金收支情况			
年初	新年度规划会议				
	支付广告费 / 参加订货会 / 登记销售订单				
	制订新年度计划				
	支付应交税金				
1	季初现金盘点（请填余额）				
2	更新短期贷款 / 短贷还本付息 / 申请短期贷款（紧急贷款）				
3	更新应付款 / 归还应付款				
4	原材料入库 / 更新原材料订单				
5	下原材料订单				
6	更新生产 / 完工入库				
7	投资新生产线 / 变卖生产线 / 生产线转产				
8	向其他企业购买原材料 / 出售原材料				
9	开始下一批生产				
10	更新应收款 / 应收款收现				
11	出售厂房				
12	向其他企业购买成品 / 出售成品				
13	按订单交货				
14	产品研发投资				
15	支付行政管理费				
16	其他现金收支情况登记				
年末	支付长贷利息 / 更新长期贷款 / 归还长期贷款 / 申请长期贷款				
	支付设备维修费				
	支付租金 / 购买厂房				
	计提折旧				（ ）
	新市场开拓 /ISO 资格认证投资				
17	现金收入合计				
18	现金支出合计				
19	期末现金对账（请填余额）				
	结账				

现金预算表

单位：百万元

项　　目	第一季度	第二季度	第三季度	第四季度
期初库存现金				
市场广告投入				
支付上年应交税金				

续表

项　目	第一季度	第二季度	第三季度	第四季度
支付到期短期贷款本金				
支付短期贷款利息				
支付到期的应付款				
支付原材料采购现金				
支付生产线投资				
支付转产费用				
向其他企业购买原材料				
向其他企业出售原材料				
支付产品加工费用				
应收款到期收到现金				
向其他企业购买成品				
向其他企业出售成品				
支付产品研发投资				
支付管理费				
其他现金收入				
其他现金支出				
支付长期贷款利息				
偿还到期的长期贷款				
支付设备维修费				
支付租金				
支付购买厂房费用				
支付市场开拓费用				
支付 ISO 认证费				
现金收入合计				
现金支出合计				
现金多余或不足				
向银行贷款				
贴现收到现金				
期末现金余额				

各季度要点记录：

第一季度：________________

第二节度：________________

第三季度：________________

第四季度：________________

订单登记表

订单号											合计
市场											
产品											
数量											
账期											
销售额											
成本											
毛利											
未交单											

组间交易明细表

买　入				卖　出			
产品	数量	单价	总金额	产品	数量	单价	总金额

产品核算统计表

	P1	P2	P3	P4	合 计
数　量					
销售额					
成　本					
毛　利					

综合费用明细表

单位:百万元

项　目	金　额	备　注
管理费		
广告费		
维修费		
租　金		
转产费		
市场准入开拓		□区域　□国内　□亚洲　□国际
ISO 资格认证		□ ISO 9000　□ ISO 14000
产品研发		P2(　)　P3(　)　P4(　)
其他(变卖生产线损失)		
合　计		

利润表

单位：百万元

项　　目		上年数	本年数
销售收入			
直接成本	－		
毛利	＝		
综合费用	－		
折旧前利润	＝		
折旧	－		
支付利息前利润	＝		
财务费用	＋/－		
其他收入/支出	＋/－		
税前利润	＝		
所得税	－		
净利润	＝		

资产负债表

单位：百万元

资　　产	期初数	期末数	负债和所有者权益	期初数	期末数
流动资产：			负债：		
现金			长期负债		
应收款			短期负债		
在制品			应付账款		
产成品			应交税金		
原材料			一年内到期的长期负债		
流动资产合计			负债合计		
固定资产：			所有者权益：		
土地和建筑			股东资本		
机器设备			利润留存		
在建工程			年度净利		
固定资产合计			所有者权益合计		
资产总计			负债和所有者权益总计		

第五年运营流程记录

企业运营流程 请按顺序执行下列各项工作		每执行完一项工作，CEO 在相应的方格内打“√” 财务总监（助理）在方格中填写现金收支情况			
年初	新年度规划会议				
	支付广告费 / 参加订货会 / 登记销售订单				
	制订新年度计划				
	支付应交税金				
1	季初现金盘点（请填余额）				
2	更新短期贷款 / 短贷还本付息 / 申请短期贷款（紧急贷款）				
3	更新应付款 / 归还应付款				
4	原材料入库 / 更新原材料订单				
5	下原材料订单				
6	更新生产 / 完工入库				
7	投资新生产线 / 变卖生产线 / 生产线转产				
8	向其他企业购买原材料 / 出售原材料				
9	开始下一批生产				
10	更新应收款 / 应收款收现				
11	出售厂房				
12	向其他企业购买成品 / 出售成品				
13	按订单交货				
14	产品研发投资				
15	支付行政管理费				
16	其他现金收支情况登记				
年末	支付长贷利息 / 更新长期贷款 / 归还长期贷款 / 申请长期贷款				
	支付设备维修费				
	支付租金 / 购买厂房				
	计提折旧				（ ）
	新市场开拓 /ISO 资格认证投资				
17	现金收入合计				
18	现金支出合计				
19	期末现金对账（请填余额）				
	结账				

现金预算表

单位：百万元

项　　目	第一季度	第二季度	第三季度	第四季度
期初库存现金				
市场广告投入				
支付上年应交税金				
支付到期短期贷款本金				
支付短期贷款利息				
支付到期的应付款				
支付原材料采购现金				
支付生产线投资				
支付转产费用				
向其他企业购买原材料				
向其他企业出售原材料				
支付产品加工费用				
应收款到期收到现金				
向其他企业购买成品				
向其他企业出售成品				
支付产品研发投资				
支付管理费				
其他现金收入				
其他现金支出				
支付长期贷款利息				
偿还到期的长期贷款				
支付设备维修费				
支付租金				
支付购买厂房费用				
支付市场开拓费用				
支付 ISO 认证费				
现金收入合计				
现金支出合计				
现金多余或不足				
向银行贷款				
贴现收到现金				
期末现金余额				

各季度要点记录：

第一季度：____________________

第二节度：____________________

第三季度：____________________

第四季度：____________________

订单登记表

订单号											合计
市场											
产品											
数量											
账期											
销售额											
成本											
毛利											
未交单											

组间交易明细表

买　入				卖　出			
产品	数量	单价	总金额	产品	数量	单价	总金额

产品核算统计表

	P1	P2	P3	P4	合 计
数　量					
销售额					
成　本					
毛　利					

综合费用明细表

单位:百万元

项　目	金　额	备　注
管理费		
广告费		
维修费		
租　金		
转产费		
市场准入开拓		□区域　□国内　□亚洲　□国际
ISO 资格认证		□ ISO 9000　□ ISO 14000
产品研发		P2(　　) P3(　　) P4(　　)
其他(变卖生产线损失)		
合　计		

利润表

单位：百万元

项　　目	上年数	本年数
销售收入		
直接成本　－		
毛利　＝		
综合费用　－		
折旧前利润　＝		
折旧　－		
支付利息前利润　＝		
财务费用　＋/－		
其他收入/支出　＋/－		
税前利润　＝		
所得税　－		
净利润　＝		

资产负债表

单位：百万元

资　　产	期初数	期末数	负债和所有者权益	期初数	期末数
流动资产：			负债：		
现金			长期负债		
应收款			短期负债		
在制品			应付账款		
产成品			应交税金		
原材料			一年内到期的长期负债		
流动资产合计			负债合计		
固定资产：			所有者权益：		
土地和建筑			股东资本		
机器设备			利润留存		
在建工程			年度净利		
固定资产合计			所有者权益合计		
资产总计			负债和所有者权益总计		

第六年运营流程记录

企业运营流程 请按顺序执行下列各项工作		每执行完一项工作，CEO 在相应的方格内打“ √ ” 财务总监（助理）在方格中填写现金收支情况			
年初	新年度规划会议				
	支付广告费 / 参加订货会 / 登记销售订单				
	制订新年度计划				
	支付应交税金				
1	季初现金盘点（请填余额）				
2	更新短期贷款 / 短贷还本付息 / 申请短期贷款（紧急贷款）				
3	更新应付款 / 归还应付款				
4	原材料入库 / 更新原材料订单				
5	下原材料订单				
6	更新生产 / 完工入库				
7	投资新生产线 / 变卖生产线 / 生产线转产				
8	向其他企业购买原材料 / 出售原材料				
9	开始下一批生产				
10	更新应收款 / 应收款收现				
11	出售厂房				
12	向其他企业购买成品 / 出售成品				
13	按订单交货				
14	产品研发投资				
15	支付行政管理费				
16	其他现金收支情况登记				
年末	支付长贷利息 / 更新长期贷款 / 归还长期贷款 / 申请长期贷款				
	支付设备维修费				
	支付租金 / 购买厂房				
	计提折旧				（ ）
	新市场开拓 /ISO 资格认证投资				
17	现金收入合计				
18	现金支出合计				
19	期末现金对账（请填余额）				
	结账				

现金预算表

单位：百万元

项　　目	第一季度	第二季度	第三季度	第四季度
期初库存现金				
市场广告投入				
支付上年应交税金				
支付到期短期贷款本金				
支付短期贷款利息				
支付到期的应付款				
支付原材料采购现金				
支付生产线投资				
支付转产费用				
向其他企业购买原材料				
向其他企业出售原材料				
支付产品加工费用				
应收款到期收到现金				
向其他企业购买成品				
向其他企业出售成品				
支付产品研发投资				
支付管理费				
其他现金收入				
其他现金支出				
支付长期贷款利息				
偿还到期的长期贷款				
支付设备维修费				
支付租金				
支付购买厂房费用				
支付市场开拓费用				
支付 ISO 认证费				
现金收入合计				
现金支出合计				
现金多余或不足				
向银行贷款				
贴现收到现金				
期末现金余额				

各季度要点记录：

第一季度：________________

第二节度：________________

第三季度：________________

第四季度：________________

订单登记表

订单号											合计
市场											
产品											
数量											
账期											
销售额											
成本											
毛利											
未交单											

组间交易明细表

买　入				卖　出			
产品	数量	单价	总金额	产品	数量	单价	总金额

产品核算统计表

	P1	P2	P3	P4	合 计
数　量					
销售额					
成　本					
毛　利					

综合费用明细表

单位：百万元

项　目	金　额	备　注
管理费		
广告费		
维修费		
租　金		
转产费		
市场准入开拓		□区域　□国内　□亚洲　□国际
ISO 资格认证		□ ISO 9000　□ ISO 14000
产品研发		P2（　）P3（　）P4（　）
其他（变卖生产线损失）		
合　计		

利润表

单位：百万元

项　　目		上年数	本年数
销售收入			
直接成本	－		
毛利	＝		
综合费用	－		
折旧前利润	＝		
折旧	－		
支付利息前利润	＝		
财务费用	＋/－		
其他收入/支出	＋/－		
税前利润	＝		
所得税	－		
净利润	＝		

资产负债表

单位：百万元

资　　产	期初数	期末数	负债和所有者权益	期初数	期末数
流动资产：			负债：		
现金			长期负债		
应收款			短期负债		
在制品			应付账款		
产成品			应交税金		
原材料			一年内到期的长期负债		
流动资产合计			负债合计		
固定资产：			所有者权益：		
土地和建筑			股东资本		
机器设备			利润留存		
在建工程			年度净利		
固定资产合计			所有者权益合计		
资产总计			负债和所有者权益总计		

附录3　原材料采购表

单位：百万元

第1年				
原材料	各季度原材料采购计划			
	1季度	2季度	3季度	4季度
R1				
R2				
R3				
R4				

第2年				
原材料	各季度原材料采购计划			
	1季度	2季度	3季度	4季度
R1				
R2				
R3				
R4				

第3年				
原材料	各季度原材料采购计划			
	1季度	2季度	3季度	4季度
R1				
R2				
R3				
R4				

第4年				
原材料	各季度原材料采购计划			
	1季度	2季度	3季度	4季度
R1				
R2				
R3				
R4				

第5年				
原材料	各季度原材料采购计划			
	1季度	2季度	3季度	4季度
R1				
R2				
R3				
R4				

第6年				
原材料	各季度原材料采购计划			
	1季度	2季度	3季度	4季度
R1				
R2				
R3				
R4				

附录 4　产品生产计划表

生产线	产品	第 1 年				第 2 年			
		1 季度	2 季度	3 季度	4 季度	1 季度	2 季度	3 季度	4 季度
1									
2									
3									
4									
5									
6									
7									
8									
9									
10									
生产线	产品	第 3 年				第 4 年			
		1 季度	2 季度	3 季度	4 季度	1 季度	2 季度	3 季度	4 季度
1									
2									
3									
4									
5									
6									
7									
8									
9									
10									
生产线	产品	第 5 年				第 6 年			
		1 季度	2 季度	3 季度	4 季度	1 季度	2 季度	3 季度	4 季度
1									
2									
3									
4									
5									
6									
7									
8									
9									
10									

附录 5　广告费用表

起始年本地				第 1 年本地				第 2 年本地				第 3 年本地				第 4 年本地				第 5 年本地				第 6 年本地			
产品	广告	9K	14K	产品	广告	9K	14K	产品	广告	9K	14K	产品	广告	9K	14K	产品	广告	9K	14K	产品	广告	9K	14K	产品	广告	9K	14K
P1	1			P1				P1				P1				P1				P1				P1			
P2				P2				P2				P2				P2				P2				P2			
P3				P3				P3				P3				P3				P3				P3			
P4				P4				P4				P4				P4				P4				P4			

第 2 年区域				第 3 年区域				第 4 年区域				第 5 年区域				第 6 年区域			
产品	广告	9K	14K	产品	广告	9K	14K	产品	广告	9K	14K	产品	广告	9K	14K	产品	广告	9K	14K
P1				P1				P1				P1				P1			
P2				P2				P2				P2				P2			
P3				P3				P3				P3				P3			
P4				P4				P4				P4				P4			

第 2 年国内				第 3 年国内				第 4 年国内				第 5 年国内				第 6 年国内			
产品	广告	9K	14K	产品	广告	9K	14K	产品	广告	9K	14K	产品	广告	9K	14K	产品	广告	9K	14K
P1				P1				P1				P1				P1			
P2				P2				P2				P2				P2			
P3				P3				P3				P3				P3			
P4				P4				P4				P4				P4			

填表注意事项：

1. 广告有产品广告和认证广告之分，产品广告分产品、分市场投放，广告费用为整数，广告费用的单位为百万元，即 1 M=100 万元；

2. 只有获得了某市场认证资格，才可以在该市场投放广告；

3. 某市场某产品只有投放了广告费用（最少为 1 M，1 M=100 万），才能获得订单，否则，不能获取订单；

4. 广告费每投入 1 M，可获得一次拿单的机会，要获得下一张订单的机会，还需要再投入 2 M，以此类推，每多投入 2 M 就拥有多拿一张订单的机会，但最终能拿到几张订单要取决于当年的市场需求和竞争状况；

5. 如果要投放 ISO 9000 或 ISO 14000 的认证广告，首先应获得相应的认证资格，这两个认证是不同的认证，认证广告对该市场的所有产品均有效，故认证广告只需投 1 M 即可。9K 代表 ISO 9000 认证，14K 代表 ISO 14000 认证

续表

起始年本地	第 1 年本地	第 2 年本地				第 3 年本地				第 4 年本地				第 5 年本地				第 6 年本地			
		第 2 年亚洲				第 3 年亚洲				第 4 年亚洲				第 5 年亚洲				第 6 年亚洲			
		产品	广告	9K	14K	产品	广告	9K	14K	产品	广告	9K	14K	产品	广告	9K	14K	产品	广告	9K	14K
		P1				P1				P1				P1				P1			
		P2				P2				P2				P2				P2			
		P3				P3				P3				P3				P3			
		P4				P4				P4				P4				P4			
		第 2 年国际				第 3 年国际				第 4 年国际				第 5 年国际				第 6 年国际			
		产品	广告	9K	14K	产品	广告	9K	14K	产品	广告	9K	14K	产品	广告	9K	14K	产品	广告	9K	14K
		P1				P1				P1				P1				P1			
		P2				P2				P2				P2				P2			
		P3				P3				P3				P3				P3			
		P4				P4				P4				P4				P4			

附录 6　贷款申请表

单位：百万元

	借款						还款						上一年所有者权益
	贷款类型	借款时间				合计	贷款类型	还款时间				合计	
第1年	短期贷款	1Q	2Q	3Q	4Q		短期贷款	1Q	2Q	3Q	4Q		
	长期贷款						长期贷款						
第2年	短期贷款	1Q	2Q	3Q	4Q		短期贷款	1Q	2Q	3Q	4Q		
	长期贷款						长期贷款						
第3年	短期贷款	1Q	2Q	3Q	4Q		短期贷款	1Q	2Q	3Q	4Q		
	紧急贷款	1Q	2Q	3Q	4Q		紧急贷款	1Q	2Q	3Q	4Q		
	长期贷款						长期贷款						
第4年	短期贷款	1Q	2Q	3Q	4Q		短期贷款	1Q	2Q	3Q	4Q		
	紧急贷款	1Q	2Q	3Q	4Q		紧急贷款	1Q	2Q	3Q	4Q		
	长期贷款						长期贷款						
第5年	短期贷款	1Q	2Q	3Q	4Q		短期贷款	1Q	2Q	3Q	4Q		
	紧急贷款	1Q	2Q	3Q	4Q		紧急贷款	1Q	2Q	3Q	4Q		
	长期贷款						长期贷款						
第6年	短期贷款	1Q	2Q	3Q	4Q		短期贷款	1Q	2Q	3Q	4Q		
	紧急贷款	1Q	2Q	3Q	4Q		紧急贷款	1Q	2Q	3Q	4Q		
	长期贷款						长期贷款						

附录 7　实训总结

姓名：	学号：	所担任的角色：
团队名：		
实训时间：	实训地点：	
企业经营情况：		
企业经营成败的关键点：		
企业下一步发展规划：		

续表

所担任角色的得失：
实训心得体会：

参 考 文 献

[1] 邹德平，逄卉一，李芳懿.ERP 沙盘模拟 [M]. 北京：清华大学出版社，2011.

[2] 于兆河，李艳杰. 企业经营沙盘模拟 [M]. 北京：科学出版社，2011.

[3] 黄洁. 企业经营决策与管理综合实训 [M]. 成都：西南财经大学出版社，2012.

[4] 黄娇丹，毛华扬. 金蝶 ERP 沙盘模拟经营实验教程 [M]. 北京：清华大学出版社，2010.

[5] 杨锡怀，王江. 企业战略管理——理论与案例 [M]. 4 版. 北京：高等教育出版社，2016.

[6] 周立华. 市场营销学 [M]. 北京：清华大学出版社，北京交通大学出版社，2010.

[7] 黄娟. 生产运作管理 [M]. 成都：西南财经大学出版社，2010.

[8] 邱立新.ERP 原理与应用 [M]. 北京：北京大学出版社，2013.

[9] 陈维政，余凯成，程文文. 人力资源管理 [M]. 4 版. 北京：高等教育出版社，2016.

[10] 张晨. 财务管理 [M]. 北京：高等教育出版社，2015.

[11] 李洁. 财务管理 [M]. 北京：中国传媒大学出版社，2014.